正社員になる
履歴書・
職務経歴書
の書き方

就活フォーラム21 著

自由国民社

はじめに

新型コロナウイルスの感染拡大の影響で、経済界も大きな変化がありました。コロナによって「大きな損をした会社」と「儲かった会社」が分かれたことです。

その結果、「損をした会社」は人が余り、「儲かった会社」は人が足りない状況に追い込まれています。余った会社から足りない会社に人材が流れるのは自然のことなので、ここにきて転職を希望したり、やむなく選択する人が増えています。そんな転職組が希望するのは、やはり安定性のある正社員です。

では、どんな履歴書や職務経歴書が採用側に評価されるのか？

一般的な中途採用の審査は、履歴書などの書類による１次選考、人事担当者などの面接による２次選考、そして役員などの面接による３次選考によって採用が決まります。まず、１次の書類選考で数倍まで絞られますから、書類選考に通らないことには、はじまりません。

さらに、この応募書類を目にしたときの印象が、次の２次・３次の面接に大きな影響を及ぼしますから、「通る書類が書けるかどうか」が転職のカギになるといっても、過言ではないのです。

では、そんなきびしい書類選考をクリアできる応募書類とは、どんなものなのでしょうか？

それは採用側が重視するポイントをよく理解して、信頼と好感を抱いてもらえる書類です。そのポイントとは「**実績**」「**スキル**」「**やる気**」「**人柄**」の４つ。「かってどんな仕事をしてきたか」、「現在どんな仕事ができるか」、「どんな仕事でもこなせる覇気があるか」、「周囲と協調して仕事ができるか」といった点を重視します。この４点は会社の規模や職種に関係なく、最も重要な採用のポイントとされています。

　本書は、この４つのポイントをテーマに採用される応募書類の書き方を解説しています。とくに「やる気」と「人柄」は「取得資格」や「職歴」などと違い、はっきりしたものではありません。

　書き方によって、好感が持たれたり、不興を買ったりする不安定な要素です。だからこそ、上手に表現してもらいたいポイントなのです。

　後ろ向きな表現は絶対ダメです。前向きな姿勢がにじみ出た書類でないと審査には通りません。応募書類を書きながら、自分をどんどん前向きに変えていくことができたら、きっと成功に近づけるでしょう。１人でも多くの読者が、前向きな応募書類を書くことで、前向きな転職活動ができ、正社員の道が開けたら幸いです。

　なお、本書は正社員になりたい転職希望者を応援する本として、２０１０年に第１版を出版しました。今回は第４版の出版で、新型コロナに負けない応募書類の書き方を巻頭企画として追加しています。

就活フォーラム21

■本書の中のマーク

本書の事例ではアピールしたい4つのポイントをマークで示しています。

実績　スキル　やる気　人柄

CONTENTS

はじめに……2

巻頭企画
コロナに負けない「履歴書・職務経歴書の書き方」 9

新型コロナウイルスの感染拡大で一変した雇用状況……10
コロナに負けない応募書類の書き方……12

◆コロナに負けない履歴書

【観光業界】48歳・男性
ホテルの副支配人のキャリアを生かして……14

【観光業界】32歳・女性
旅行添乗員としての対応力と語学力をアピール……16

【飲食業】28歳・男性
レストランチェーンの経験を配食サービス業に活用……18

【アパレル業】40歳・女性
ブランド服の企画からオンラインショップの企画へ……20

◆コロナに負けない職務経歴書

【製造業】55歳・男性
工場の管理職から介護職へのキャリアチェンジ……22

【小売業】30歳・女性
大手書店の販売経験を教育産業で生かして……23

◆コロナに負けない添え状

【フィットネス業】34歳・男性
コロナで閉鎖したスポーツクラブから住宅販売会社へ……24

第1章
採用される応募書類の書き方 25

正社員に採用される応募書類とは?……26
中途採用では3つの書類が必要になる……28
企業が応募者に求める4つの資質……30
「スキル」と「実績」は効果的に表現する……32
「やる気」「人柄」が正社員になる決め手……34
「甘え」が見える書類は絶対不採用!!……36
「自分ならこんな貢献ができる」が大事……38
入学・卒業年次早見表……40

第2章 採用される履歴書の書き方と実例 41

◆履歴書の書き方

履歴書用紙と筆記具の選び方……42
手を抜いた履歴書では絶対通らない……44
履歴書作成の5つの注意点……46
注意① 熱意が伝わる履歴書を書く
注意② 誤字・脱字に気をつける
注意③ 住所、会社名などは省略しない
注意④ 空白がないように書く
注意⑤ 1字1字ゆっくりていねいに書く
表記は細部にまで気をつける……52
文章は簡潔に自分の言葉で書く……54

◆履歴書の部分解説

採用される履歴書の書き方……56
①氏名や住所の書き方ルールはこうだ!!……58
②写真は清潔感をアピールする……60
③捺印で社会人のマナーがわかる……62
④学歴欄でプラスアルファをアピールをする……64
⑤職歴欄で実績をアピールする……66
⑥免許・資格欄で即戦力であることをアピール……68
⑦退職理由は前向きな転職を証明する……70
⑧志望動機は実績を踏まえて具体的に書く……72
⑨趣味・特技で幅広い人間性をアピール……74
⑩健康状態は業務に支障がない限り「良好」……75
⑪本人希望は納得されそうな範囲で書く……76
⑫通信欄は連絡方法の希望などを書く……77

◆履歴書の実例

【営業職】44歳・男性
中国ビジネスの実績と経験をアピール……78
【営業職】32歳・男性
前職の実績とコミュニケーション力をアピール……80
【営業職】28歳・女性
営業企画の実績をアピール……82
【技術職】48歳・男性
機械設計の専門性をアピール……84
【技術職】34歳・女性
情報処理技術者としての資格と実績をアピール……86
【販売・サービス】56歳・男性
ホテルマン一筋35年の実績をアピール……88
【販売・サービス】22歳・女性
書店でのアルバイト経験をアピール……90

【事務職】40歳・男性
人事のプロとしての経験をアピール……92
【事務職】34歳・女性
2度の転職経験をプラス材料としてアピール……94
【専門職】41歳・女性
介護職員としての資格と経験をアピール……96
【専門職】29歳・男性
カメラマンとしての取材能力をアピール……98
転職のカギ　円満退職でスムーズ転職を……100

第3章　マイナスをプラスに変える履歴書の実例　101

◆自信のない人の書き方
経歴だけで採用は決まらない……102
「人柄」と「やる気」で道を開く……104
◆自信のない人の実例
人材派遣から正社員へ……106
アルバイトから正社員へ……107
子育て後に正社員へ……108
第二新卒で正社員へ……109
長期療養後に正社員へ……110
リストラ・倒産から正社員へ……111
未経験の職種の正社員へ……112
中高年が正社員へ……113
定年退職後に正社員へ……114
転職をくり返して正社員へ……115
転職のカギ　ハンデがあればウソをつかずに表現を工夫する……116

第4章　採用される職務経歴書の書き方と実例　117

◆職務経歴書の書き方
職務経歴書とはどういうもの？……118
自分の仕事データをまとめる……120
読みやすい職務経歴書を書くポイント①……122
読みやすい職務経歴書を書くポイント②……124
実績は数字で具体的に示す……126
信条＋心情が伝わる職務経歴書がベスト……128
レイアウトも大事な要素……130
編年体式のフォーム……132
キャリア式のフォーム……134

◆職務経歴書の実例

営業職の職務経歴書の書き方……136
【営業職】26歳・男性
第二新卒の理由をアピール……137
【営業職】32歳・男性
事務職から営業職への転職意欲をアピール……138
【営業職】38歳・女性
販売員としての実績をアピール……139
技術職の職務経歴書の書き方……140
【技術職】50歳・男性
建築士での実績をアピール……141
【技術職】36歳・男性
食品関係の研究成果をアピール……142
【技術職】30歳・女性
電気主任技術者の経験をアピール……143
販売・サービスの職務経歴書の書き方……144
【販売・サービス】34歳・男性
居酒屋チェーン店での店長経験をアピール……145
【販売・サービス】41歳・男性
電器量販店での経験をアピール……146
【販売・サービス】38歳・女性
健康食品セールスの人脈と実績をアピール……147
事務職の職務経歴書の書き方……148
【事務職】33歳・男性
経理マンとしての実績をアピール……149
【事務職】30歳・男性
Uターン就職への意欲をアピール……150
【事務職】42歳・女性
家庭から職場への復帰をアピール……151
専門職の職務経歴書の書き方……152
【専門職】49歳・男性
社会保険労務士の資格と実績をアピール……153
【専門職】30歳・女性
編集者として派遣経験をアピール……154
【専門職】40歳・女性
秘書としての経験をアピール……155
【外資系】英文レジュメでアピール……156
転職のカギ
転職を成功させるステップ……158

第5章
好感の持たれる添え状の書き方 159

◆**添え状の書き方**

添え状で印象をアップさせる……160
添え状の基本フォーム……162
採用される添え状のポイント……164
営業・技術職の添え状のポイント……166
販売サービス・事務・専門職の添え状のポイント……168

◆**添え状の実例**

【営業職】32歳・男性
スーパーバイザーの実績をアピール……170
【営業職】28歳・女性
正社員への初めてのチャレンジ……171
【技術職】40歳・男性
農機具の設計経験を生かしたい……172
【技術職】33歳・女性
薬剤師の資格を生かしたい……173
【販売・サービス】55歳・男性
ホームセンターで大工の腕を生かしたい……174
【販売・サービス】38歳・女性
手芸の腕を販売に役立てたい……175
【事務職】31歳・男性
総務で合理化を進めた実績をアピール……176
【事務職】24歳・女性
結婚退職を機に転職を希望……177
【専門職】46歳・男性
翻訳家としての実績をアピール……178
【専門職】38歳・女性
歯科衛生士として転職……179

転職のカギ
中高年の仕事探しは人脈が最大の武器!!……180

第6章
応募書類を送るときの注意点 181

◆**送り方**

最終チェックは2度行うと安全……182
常識的な届け方・送り方……184
封筒の選び方・表書きの書き方……186
面接のために必ず書類はコピーする……188
郵送で送るときの注意点……190

巻頭企画

「コロナに負けない履歴書・職務経歴書の書き方」

新型コロナウイルスの影響で転職せざるを得なくなった人、
あるいはこれをチャンスと考えて転職を決意した人に、
コロナに負けない履歴書・職務経歴書の書き方をレクチュアします。

新型コロナウイルスの感染拡大で一変した雇用状況

大型クルーズ船などで発生した集団感染

日本では、２０２０年1月16日、世界保健機関（ＷＨＯ）に第1例目の発症が報告された新型コロナウイルスはその後、香港から日本に向かった大型クルーズ船「ダイヤモンド・プリンセス」での感染者発生が確認され、さらに、2月4日からはじまった「さっぽろ雪まつり」などで感染集団（クラスター）を発生するなど、感染は急速に拡大しました。そうした感染拡大に対応するために、２０２０年4月7日には7都道府県、16日には全都道府県に緊急事態宣言が発令されました。

２０２１年4月からはワクチン接種がはじまり、終息への期待が高まりつつも、感染は小康状態の時期、拡大の時期の波をくり返す状況が続いています。

コロナで変わった人々の日常生活

コロナによって人々の暮らしは大きく変わりました。緊急事態宣言下ではもちろんですが、宣言が外れた時期であっても、マスクの着用やソーシャルディスタンスなど、感染予防対策を講じながらの生活が当たり前になりました。

個々の生活では、不要不急の外出自粛から、観光旅行やテーマパークへのお出かけを見合わせる家族も多くなりました。また、外食やデパートなどへの買い物に行く機会も減りました。

仕事の面でも、密になる通勤は控えてテレワークを実施する企業も増えるなど、働き方が変化しました。また、感染が収束しない状況下では、これまで行われていた社員旅行や各種のイベント、忘年会・新年会を実施する会社はほとんど見られなくなりました。

こうした日常生活や社会生活の変化によって、多くの企業は売上を落とし、事業を縮小させなければいけない状況に追い込まれました。

いっぽうでコロナ対策に関係する医

療・衛生用品業界や、巣ごもり需要に関わる企業は大きく業績を伸ばしました。

業績が伸びた業種と悪化した業種

コロナのせいで売上が減少し、大きな打撃を受けた会社も少なくないでしょう。飲食業、アパレルなど直接影響を受けた業界だけでなく、一部の業界を除いて消費の冷え込みから業績を悪化させた会社は多いはずです。

コロナの感染拡大がはじまる前は、だれも予想しなかった状況なので、「自分の会社は安定企業」「大手なので安心」と明るい未来を信じて疑わなかった社員も少なくないでしょう。信じて疑わなかった安定企業が、コロナによって日々業績を悪化させ、いつしか人員整理に着手しはじめていた、というケースも少なくありません。

雇用が縮小した業界から、拡大した業界への転職も

人員整理によって転職を余儀なくされた人や、大学を卒業後、観光業界への就職を希望していたのにたまたまコロナの感染拡大時期に遭遇し、就職がままならなかったアルバイターもいるでしょう。

運・不運は世の常ですが、いつまでも雇用が縮小した業界や企業に固執するのは現実的ではありません。いったん冷静になり、雇用が拡大している業界への転職や就職を考慮するのも1つの方法です。

コロナによって業績を悪化させた業界（例）

- 観光業界（旅行会社・ホテル・交通）
- 飲食業界（居酒屋チェーン・ファミリーレストラン）
- 小売業界（百貨店・洋服専門店・貴金属店）
- 娯楽業（テーマパーク・カラオケボックス・映画・劇場）
- スポーツ関連（フィットネスクラブ）
- 自動車関連業界（メーカー・販売店・関連製造業）
- 製造業（木材製品・ゴム製品・電気機器）

コロナによって業績を伸ばした業界

- IT業界（テレワーク関連・スマホ関連）
- ゲーム業界（ゲーム機・ゲームソフト）
- 医療・衛生用品業界（マスク・消毒液・ハンドソープ・体温計）
- 宅配サービス業界（食材の宅配・料理の宅配）
- 物流業界（ネット通販・企業間の宅配）
- スーパーストア（酒類販売・食品全般）
- 製造業（白物家電・健康機器・健康食品）

コロナに負けない応募書類の書き方

「コロナで退職」はやむを得ない

履歴書の項目で重要なのは、「退職理由」と「志望動機」といわれています。加えて、職務経歴書で「前職の職務内容」と「職務経験」が重要で、それらの項目で、応募者の「実績」「スキル」「やる気」をアピールし、面接を行いたい人材と思ってもらうことが、応募書類の役割です。

そのなかの「退職理由」の書き方は、意外に難しい要素を含んでいます。実際には、前の会社の将来性に疑問を感じたり、上司と合わなかったりした場合でも、そのことをストレートに書けば「前の会社の悪口」ととられ、人間性が疑われます。また、「人員整理にあった」「雇い止めにあった」という記述も正直ではありますが、場合によってはネガティブな印象を与える心配もあります。

ただし、新型コロナウイルスの影響で業界全体が不況になり、やむなく退職の道を選んだ場合は、採用

退職理由（例）（カラオケボックス店長・男性）

> 前職のカラオケボックスでは、新型コロナウイルスの拡大にともない来客が大きく落ち込みました。店長として、2時間単位での店内消毒や客室の人数制限など感染予防は徹底し、幸い集団感染は回避しました。しかし、感染が長期にわたったため、勤める店舗が閉鎖され、退職を決意しました。

退職理由（例）（紳士服チェーン販売・女性）

> 前職の紳士服店では、政府が進めるテレワークの影響からか、新型コロナによる感染拡大がはじまったころから、ビジネススーツなどの売上が大幅に減少しました。スーツを売る仕事にやりがいを感じていましたが、店舗縮小による人員整理があり、希望退職を選択しました。

側もよく承知しているはずなので、とくに「言い訳じみた退職理由」を書く必要はありません。だれもが、前職の退職について「応募者に責任はない」「やむを得ない退職」と理解してくるはずです。

異業種へ転職する場合の応募書類の書き方

コロナの収束が数年単位になる場合、人流をともなう観光業やソーシャルディスタンスが難しい飲食業などの回復は遅れる恐れがあります。そうなると同じ業界内での転職が困難になることも考えられます。

別の業界や業種への転職を選択せざるを得なくなった場合、どんなことに注意し、これまで培ってきたスキルをどのように応募書類に反映させたらいいか考えてみましょう。

別の業界や業種への転職でも、これまでの実績やスキルなどを認めてもらえなければ、新入社員と同様の評価しか得られません。つまり給与などの条件面は、社会人1年生から出直しということになります。そうならないためには、違う業種の人材であっても「汎用スキルを持っているので即戦力で使える」「リーダーとして管理能力がある」といった評価を得られれば、これまでの条件はある程度継続してもらえるはずです。

自分が思うほど「能力のない人間」ではないかもしれない

最後に就職・転職に必要な作業として真っ先にあげられるのが「自己分析」です。

「自分が思っているほど他人は評価していない」と、うぬぼれを咎められたりしますが、実は逆もよくある話で、自分が気づいていない評価を他人がしてくれたり、思ってない能力を他人が認めてくれていたり、といった具合に、自分には思ってもいなかった能力が備わっているケースもあります。履歴書や職務経歴書は、自分を客観的に分析・評価するチャンスなので、ぜひ冷静に自分を見つめなおし、ありのままの自分を評価してください。

志望動機（例）（介護施設・女性）

> スーパー銭湯の企画に携わり10年。これまで30店舗の開業を手掛けてきましたが、コロナにより転職を決意しました。これまでの新規店舗の開発のスキルを生かし、地主様との交渉などデベロッパー業務を含め、有料老人ホームの運営に携われたらと考え応募しました。

観光業界

48歳
男性

ホテルの副支配人のキャリアを生かして

コロナに負けない例1

年	月	免許・資格・専門教育
平成6	5	普通自動車第一種免許取得
平成7	11	TOEIC@600点取得
平成13	10	第二種情報処理技術者試験に合格
		※パソコンを活用した業務の拡大を図るために取得を目指
		した

コロナの影響

❸ 退職理由
コロナの感染拡大による業務縮小による退職です。営業部の責任者として感染拡大対策を万全に講じたことで、幸いに感染されたお客さまはいらっしゃいませんでしたが、緊急事態宣言下で売上が大きく下がり、やむなく退職を決意しました。

趣味・特技
趣味:毎日のランニング、低山歩き
特技:料理　休日はわたしが引き受けることになっていて、毎回、イタリア料理、中華料理など工夫を凝らした料理を提供するので、喜んでもらっています。

健康状態
きわめて良好

❹ 志望の動機
笑顔のサービスをモットーに健康食品の全国展開を図る貴社の事業に、ホテルマンとして培ってきた、ホスピタリティの精神と接客対応力がお役に立つと思います。

乗り越えて

本人の希望
職種:営業・接客業ならこれまでの経験が生かせると思います。
給与:貴社規定に従います。

通信欄
ご連絡をお待ちいたします。

通勤時間	約 1 時間 30 分
扶養家族数（配偶者を除く）	2 人
配偶者	※ 有・無（有に○）
配偶者の扶養義務	※ 有・無（有に○）

ポイント

❶学歴
キャリアが長い応募者なので、学歴は高校卒業からはじめます。ビジネススクールでホテル業について学んだことを書く方法もありますが、職歴のなかでスキルを磨いた経歴が表現できているので、学歴は簡単にまとめたものでよいでしょう。

❷職歴
ホテルマンとしてドアマンからスタートし、現場の経験を積んだあと営業職や本社勤務で着実にキャリアをアップさせていった経歴が簡潔に表現されています。

採用

ホテルなど観光業界は、新型コロナウイルスによって苦しい状況に追い込まれています。それによって、従業員もつらい思いをしているでしょうが、それでも、だれのせいにもせず、前を向いて次の仕事を求める姿勢は共感を呼ぶでしょう。

履歴書

令和◯◯年 ◯月 ◯日現在

ふりがな　こ　いずみ　みつ　ひこ

氏名　小泉光彦　（印：小泉）

昭和48年 5月 10日生（満 48歳）　※男・女

ふりがな　とうきょうと　ぶんきょうく　こひなた

現住所　〒XXX-XXXX
東京都文京区小日向1丁目X番X号

電話　03(XXX)XXXX

ふりがな

連絡先　〒　（現住所以外に連絡を希望する場合のみ記入）
携帯電話 090-XXXX-XXXX　メールアドレス mitsuhiko@XXXX.XXXX　方

電話

年	月	学歴・職歴
		学　歴 ❶
平成4年	3	私立城南高校卒業
平成4年	4	文教ビジネススクール入学
平成8年	3	文教ビジネススクール卒業
		職　歴 ❷
平成8年	4	軽井沢ビューホテル入社
		ベルスタッフに配属
		その後フロントスタッフなどの実務を経験
平成11年	4	企業担当営業セクションに異動
平成13年	4	企業担当営業セクション主任に昇格
平成15年	10	企業担当営業セクションサブマネジャーに昇格
平成20年	4	個人営業セクションに異動(サブマネジャー)
平成26年	4	東京営業所副支店長に昇格
平成28年	4	東京営業所支店長に昇格
令和元年	10	軽井沢本社営業部マネジャーに昇格
令和2年	7	新型コロナウイルスの感染拡大を受け業務の刷新を行う
令和3年	8	軽井沢ビューホテルの売却による退社
		以上

❸退職理由
新型コロナの影響による退職理由は簡潔に。感染拡大防止に努力した様子を相手に伝えましょう。

❹志望動機
これまで培ってきたスキルを、新しい分野で生かしたいという熱意を伝えます。

観光業界

32歳
女性

旅行添乗員としての対応力と語学力をアピール

コロナに負けない例2

年	月	免許・資格・専門教育
平成20	7	普通自動車第一種免許取得
平成22	11	TOEIC@720点取得
平成30	9	総合旅程管理主任者取得

コロナの影響

退職理由 ❸
コロナの感染拡大による国内・海外ともほぼ旅行のお手伝いができない状態になりました。業務縮小で、管理部門への異動のため、お客様の旅行の現場から離れることになり、早期退職制度を利用して退職することを決意しました。

趣味・特技
まだ趣味の段階ですが、中国語のレッスンに通っています。
趣味:クラッシック音楽・読書

健康状態
きわめて良好

❹ **志望の動機**
国内・海外で経験した添乗員としての対応力や語学力が、貴社が展開される外国客も対象にした高級リゾートマンションの販売にお役に立つと信じ応募しました。

乗り越えて

本人の希望
職種:営業職を希望します。
給与:貴社規定に従います。
勤務地:貴社配属に従います。

通信欄
ご連絡をお待ちいたします。

通勤時間
約 1 時間 分

扶養家族数（配偶者を除く）
0 人

配偶者
※ 有・無（無に丸）

配偶者の扶養義務
※ 有・無

ポイント

❶学歴
小学校・中学校の義務教育を記述する場合は、卒業年だけ示すのが一般的です。職歴が少ない場合は、大学のゼミや卒論のテーマを書き、学生時代に学んだ内容をアピールする方法も有効です。

❷職歴
国内と海外の旅行に携わったことをアピールします。海外の現場や外国人にも対応できる国際的な強みのある人材であることをアピールします。

❸退職理由
新型コロナの影響

採用

旅行業界は新型コロナの影響をまともに受けた業界の1つでしょう。なかなか回復が見通せない場合、早期退職制度などを利用して転職を模索し、これまで培ってきたスキルを別の会社で生かすのも1つの方法です。

履 歴 書

令和◯◯年 ◯月 ◯日現在

ふりがな ほ そ だ か な こ
氏 名 細田佳菜子 （細田）

昭和62年 7月 4日生（満 32歳） ※男・女（女に丸）

ふりがな さいたまけん ふじみし ふくおか
現住所 〒XXX-XXXX
埼玉県ふじみ市福岡3丁目X番X号
電話 049(XXX)XXXX

ふりがな
連絡先 〒 （現住所以外に連絡を希望する場合のみ記入）
携帯電話 080-XXXX-XXXX メールアドレス kanako@XXXX.XXXX 方
電話

年	月	学歴・職歴
		学 歴 ❶
平成12年	3	埼玉県ふじみ市立第一小学校卒業
平成15年	3	埼玉県ふじみ市立第二中学校卒業
平成15年	4	埼玉県立ふじみ高等学校入学
平成18年	3	埼玉県立ふじみ高等学校卒業
平成18年	4	国際交流大学観光学部入学
平成22年	3	国際交流大学観光学部卒業
		職 歴 ❷
平成22年	4	株式会社TRC入社
		東日本ツーリング部に配属
平成26年	4	法人ツーリスト部に異動
平成28年	4	法人ツーリスト部で北アメリカ旅行の添乗員を務める
平成30年	4	個人ツーリング部に異動
令和2年	7	新型コロナウイルスの感染拡大により管理部に異動
令和3年	6	早期退職制度を利用して株式会社TRCを退社
		以上

によって大きく業績を落とした旅行会社の現状を伝えます。

❹志望動機
添乗員として経験してきた接客スキルが、まったく違う分野でどう生かせるかチャレンジする姿勢をアピールします。

飲食業

28歳
男性

レストランチェーンの経験を配食サービス業に活用

コロナに負けない例3

年	月	免許・資格・専門教育 ❷
平成26	9	普通自動車第一種免許取得
平成30	9	アメリカに研修旅行
		※社命でアメリカのレストランチェーンに研修のため派遣さ
		れる。大小の店舗で現場研修を受け、食に関わるビジネス
		の基本を学ぶ

コロナの影響

退職理由 ❸	趣味・特技
コロナの感染拡大によって、ファミリーレストランは大きな打撃を受けました。感染防止の徹底やテイクアウト事業の開発など、できる限りの改善策を講じましたが、努力が足りず担当店は閉鎖に追い込まれ、他の店も同様の状況で異動も難しく退職を決意しました。	サイクリング、音楽鑑賞、読書（漫画ですが）
	健康状態
	きわめて良好

❹ 志望の動機	本人の希望
これまでの路面店での飲食ビジネスの基本と、アメリカでの研修旅行で学んだフードビジネスの知識を御社の配食サービス事業に活用いただきたいと考えました。	職種:配食サービスの現場での営業を希望します。 給与:貴社規定に従います。 勤務地:貴社配属に従います。

乗り越えて

通信欄	通勤時間	
ご連絡をお待ちいたします。	約　時間 45 分	
	扶養家族数（配偶者を除く） 0 人	
	配偶者 ※ ㊒・無	配偶者の扶養義務 ※ 有・㊮

ポイント

❶職歴
レストランチェーンで経験した内容を細かく記述しています。とくに店長などを経験し部下やアルバイトなどを指導した実績は、管理能力をアピールできるポイントです。売上実績などは数字で具体的に示します。

❷海外研修の経験
社命によって経験した海外研修などは、アピールできる材料です。その研修によって学んだことを書き加えると評価が上がります。

採用

新型コロナウイルスの感染によって大きな打撃を受けた外食産業で働く人材が、「食」の知識を生かすために配食サービス業に転職を決意。コロナで状況は変わって現実を柔軟にとらえた成功例です。

履歴書

令和◯◯年 ◯月 ◯日現在

ふりがな　あき　もと　りょう　た

氏名　**秋元亮太**　（印：秋元）

平成5年 6月 12日生（満 28歳）　※ 男・女（男に丸）

ふりがな　やまなしけん　こうふし　あさひ

現住所　〒XXX-XXXX

山梨県甲府市朝日2丁目X番地X号

電話　055(XXX)XXXX

ふりがな

連絡先　〒　（現住所以外に連絡を希望する場合のみ記入）

携帯電話 080-XXXX-XXXX　メールアドレス akimoto@XXXX.XXXX　方

電話

年	月	学歴・職歴
		学　歴
平成24年	3	山梨経済大学附属高校卒業
平成24年	4	山梨経済大学法学部入学
平成28年	3	山梨経済大学法学部卒業
		職　歴 ❶
平成28年	4	株式会社上山フードに入社
		ファミリーレストラン「和食花ぐるま」河口湖店に配属
平成30年	4	サブマネジャーに昇進
		アルバイトなど12名の勤務時間を調整
		それぞれの事情を考慮し、無理のない人員調整を学ぶ
令和元年	9	「和食花ぐるま」御殿場店の店長に昇進
		正社員2名・アルバイト15名の従業員の管理者として働きやす
		い環境を整え、売上向上をめざす
		令和元年度の売上は前年比116%の実績を上げ、上山
		フード賞を受賞
令和2年	8	コロナの感染拡大にともない、32店舗中8店舗が閉鎖
令和3年	3	「花ぐるま」御殿場が閉鎖し、退職。現在、就職活動中
		以上

❸退職理由

新型コロナの影響を最小限に食い止める努力をした実績をアピールしましょう。それでも業績の悪化によって退職を余儀なくされたことを書き記します。

❹志望動機

レストランの業務で学んだことを、コロナによって業績が上がった配食サービスの業種に生かしたいという動機をストレートに伝えましょう。

アパレル業
40歳
女性

ブランド服の企画から オンラインショップの企画へ

コロナに負けない例4

年	月	免許・資格・専門教育 ❷
平成16	4	普通自動車第一種免許取得
平成18	11	実用英語技能検定2級取得
平成26	1	ファッションビジネス技能検定1級取得

コロナの影響

退職理由 ❸
コロナの感染拡大によって、この先数年は百貨店の売上回復は見通せない状況です。アパレル業界も大きな曲がり角に差し掛かっていると考え、新しい洋服づくりを目指すために、退職を決意しました。

趣味・特技
スキューバダイビング、仕事を兼ねた海外でのショップ回り
特技：ボタニカルアート

健康状態
きわめて良好

志望の動機 ❹
これからは、御社のようなオンラインショップで洋服を求める若者が確実に増えると思います。そうした若者に男女が着られるジェンダーフリーの洋服を企画したい。

本人の希望
職種：商品企画担当を希望します。
給与：貴社規定に従います。
勤務地：貴社配属に従います。

乗り越えて

通信欄
ご連絡をお待ちいたします。

通勤時間	
約 1 時間 分	
扶養家族数（配偶者を除く） 0 人	
配偶者 ※ (有)・無	配偶者の扶養義務 ※ 有・(無)

ポイント

❶職歴
ファッション業界で残した実績を細かく記述しています。いくつかのブランドの立ち上げに参加し企画・販促に携わった事実をアピールします。管理職で売上アップに貢献したなどの実績を具体的に示します。

❷仕事に関係する資格
自分が所属する業界で実施している検定試験に合格している実績をアピールします。同じ業界への転職を希望する場合、汎用スキルとして通用します。

採用

前職で服づくりの企画や販売促進に携わり、さまざまな経験をしてきたことがわかります。新しい会社でこれまで考えていた服づくりを実現したいという熱意が感じられて採用です。

履歴書　　令和◯◯年◯月◯日現在

ふりがな　なかざわ　かりな
氏名　**中沢香里奈**（印：中沢）

昭和58年4月22日生（満40歳）　※男・女（女に丸）

ふりがな　ちばけん　ふなばしし　にしまち
現住所　〒XXX-XXXX
千葉県船橋市西町1丁目X番地X号
電話　0474(XXX)XXXX

ふりがな
連絡先　〒　（現住所以外に連絡を希望する場合のみ記入）
携帯電話 090-XXXX-XXXX　メールアドレス karina@XXXX.XXXX　方
電話

年	月	学歴・職歴
		学歴
平成14年	3	千葉県立船橋西高校卒業
平成14年	4	南麻布大学文学部仏文学科入学
平成18年	3	南麻布大学文学部仏文学科卒業
		職歴 ❶
平成18年	4	株式会社エー&ジェイに入社
		関東販売グループに配属
		百貨店・専門店を担当し、各売り場への営業活動に従事
平成20年	4	担当アシスタントマネジャーに昇格
		大手百貨店の担当責任者になり、販売戦略を練る
平成25年	4	商品企画部に異動。若者向けブランド「ASJ」に参加
		サブマネジャーとしてマーケティングを担当
平成28年	10	「ASJ」が前年比売上140%を達成し、創業30周年パー
		ティで表彰される
平成30年	4	中高年向け高級ブランド「エージェイ」をリニュアル。
		担当マネジャーとして百貨店への販促に従事する
令和2年	12	新型コロナウイルス感染拡大により、「エージェイ」の発売中止
令和3年	3	一身上の都合により退職　以上

❸退職理由
新型コロナウイルスの影響とともに、業界全体の変化を察知し新たな商品企画に携わりたいという熱意をアピールします。志望動機につながる退職理由を明記します。

❹志望動機
志望する会社の特性を賞賛しながら、自分が目指す服づくりをアピールします。そうした夢を実現することで、売上増に貢献することを約束します。

製造業
55歳 男性
工場の管理職から介護職へのキャリアチェンジ

職務経歴書

令和○年○月○日現在
加藤伸人　(加藤)（55歳）

希望職種　介護職
応募資格　介護職員初任者研修資格取得（令和3年5月）❶
最終学歴　埼玉県立○○工業高校
職務経歴 ❷

昭和60年4月　株式会社ホンマ自動車部品工業に入社。
・大手自動車メーカーより部品の製造を請け負う業務で、タイヤの金属部分のパーツの製造に携わる

平成４年4月　新規事業の電子機器部門へ異動。

平成12年6月　アメリカ工場への異動。アメリカ人社員と共同で自動車部品の開発に携わる。

平成24年4月　狭山工場の生産部長に就任。非正規社員を含めて50名の社員の指導を行う。

令和３年3月　新型コロナの感染拡大に伴う事業縮小により退職を決意。

介護職を志望した理由 ❸

数年前より、母の介護に携わるようになりました。平日は妻に任せていましたが、休日や夜間の介護は私が行いました。認知症が進み、要介護度が上がるにつれ、介護の負担は大きくなるばかりでしたが、担当いただいたケアマネジャーやホームヘルパーさんたちのおかげで、最期まで在宅介護ができました。こうした介護の経験から、定年後は介護の仕事をしてみたいと思っていたところ、新型コロナウイルスの感染拡大による早期退職制度が実施されることになり、退職を決意しました。退職後、初任者研修を受け、資格を取得し、貴社の求人に応募しました。

コロナの影響

ポイント　❶**応募資格**…介護職なら介護職員初任者研修や介護福祉士の資格が必要なことが多い。❷**職務経歴**…介護とは無縁の経歴でも、その業種でしっかり仕事をしてきた実績は、有利な材料となる。❸**志望動機**…会社を選んだ理由でなく、業種を選んだ動機も自分という人間をわかってもらう材料になる。

小売業

30歳 女性

大手書店の販売経験を教育産業で生かして

職務経歴書

令和○年○月○日現在
高橋玲奈 (高橋) (30歳)

希望職種 塾の運営サポート

応募資格 中学校教諭普通免許状1種免許取得 ❶
実用英語技能検定1級取得

最終学歴 文教大学文学部英文学科

職務経歴 ❷

平成24年4月 清至堂書店株式会社に入社。池袋支店に配属。
［業務内容］文庫本フロアでの販売の実務を経験。その後、医療・介護、ビジネス関係などのフロアを経験。さらに、入社4年目のとき、教育関連コーナーの担当になり、さまざまな教育図書に目を通すようになりました。御社の出版部で出された書籍は、どの本もデザインが新しく、各教科もわかりやすく編集されていたので、いつも感心していました。

令和3年7月 清至堂書店株式会社を退社。

コロナの影響

退職理由 ❸

新型コロナウイルスの感染拡大により、書店は大きな打撃を受けました。緊急事態宣言下だけでなく、宣言が外れた時期も元の売上に戻る気配がありませんでした。採算がとれない店舗の閉鎖などがあり、早期退職などの制度も実施されることになり、当面、回復が難しいと判断し退職を決意しました。

志望動機

書店業務で培った接客・企画・調整などのスキルを教育産業に生かし、御社が全国展開される「勝つ!!子ども塾」の運営に参加させていただきたいと希望し、応募いたしました。

乗り越えて

ポイント ❶**応募資格**…教育産業への転職なので「教師免状」は大きなアピールになる。❷**職務経歴**…志望した会社が出版した書籍に目を通し、賞賛することで好感度が上がるはず。❸**退職理由**…コロナによる退職であればマイナスの材料にはならないので正直に記述してよい。

コロナに負けない例7

フィットネス業
34歳
男性

コロナで閉鎖したスポーツクラブから住宅販売会社へ

令和◯◯年◯月◯日

株式会社北関東住宅販売
人事部　金沢光一様

〒123-4567
埼玉県さいたま市北区東町7-8-9
北野悠人

貴社の求人広告を拝見して

拝啓　貴社ますますご清栄のこととお喜び申し上げます。

さて、◯月◯日発行の情報誌に掲載されていた貴社の求人広告を拝見し、応募させていただきました。広告を拝見し、すぐに貴社のホームページを読ませていただきました。実績はもちろんのこと、10年、20年後を見通した脱炭素を目指した事業計画は、まさに日本が進む方向であると、大いに感動いたしました。ぜひ、その事業に参加させていただきたくお願い申し上げます。

わたくしの状況をご説明いたしますと、体育大学を卒業後、先月までフィットネスクラブに勤務していました。ところが、新型コロナウイルス感染拡大のため、密になるスポーツクラブは敬遠され、結局、勤務していた店は閉鎖になりました。

体育を学び、多少のことではへこたれない体力と気力には自信があります。ホームページを拝見すると、貴社の営業も、相当な体力が必要のようです。その点はまったく問題はありません。

経歴の詳細は同封の履歴書・職務経歴書にある通りです。ぜひ、面会のチャンスをいただきたくお願い申し上げます。どうぞよろしくお願いいたします。

敬具

コロナの影響

第1章

採用される応募書類の書き方

採用側が応募書類のどこを見るかを説明し、
採用される「履歴書」・「職務経歴書」・「添え状」の書き方を解説します。

正社員に採用される応募書類とは？

正社員への転職を成功させるには

自分の能力をフルに生かすためにフリーや非正規社員で働くケース、あるいは正社員を希望しても採用されず、やむを得ず非正規社員で働きながら正社員の道を探るケース。非正規で働く人にはいろいろな事情がありますが、雇用の安定や待遇の有利さなどから、新卒者も転職者も正規雇用での就職を望む人が増えています。

正社員から正社員への転職、派遣社員やアルバイト社員などから正社員への転職、これらを成功させるには、企業が正社員に望む資質を備えていることが必要です。その資質を「**①応募書類**」→「**②面接**」でアピールすることが採用を勝ち取るための絶対条件になります。

応募書類の印象が採用の決め手になる

まず、最初に突破しなくてはいけないのが、履歴書などの書類審査です。この不況下、条件の良い企業の採用試験では、競争率が数十倍から数百倍になることも珍しくありません。

人事担当者は数百件送られてくる応募書類を次から次にチェックします。数人で見たとしても、目にとまっている時間は合計でもせいぜい3～5分程度でしょう。その時間内に、「この応募者と会ってみたい」と思わせるインパクトを与える書類を送らなければいけません。

面接までいける応募者は10人に1人だとすると、「平均点の書類」ではなかなか突破できません。「まあまあ」の印象の書類では、大勢のなかでは埋もれてしまいます。

①実績が申し分ない
②資格などスキルが十分
③やる気が感じられる
④誠実な人柄が感じられる

など、人事担当者が会ってみたいと感じるのは、どこか一つ強い印象の残る応募書類です。

不採用!!「まあまあ」の書類

不採用

✕ やる気は**まあまあ**
（本気でやる気があるか心配だ）

不採用

✕ 実績は**まあまあ**
（この程度ならほかにもいる）

不採用

✕ 英語などのスキルは**まあまあ**
（もっとできる応募者がいそう）

不採用

✕ **まあまあ**協調性はありそう
（ただ受け身なだけかも）

第一次審査突破!!

○ 能力・経験は心配なし。
やる気も十分で
協調性もありそうだ!!

採用される　応募書類

中途採用では3つの書類が必要になる

「履歴書」「職務経歴書」「添え状」が基本3点セット

新卒者の場合、「**履歴書提出**」とあれば、「**履歴書**」と応募動機と自己PRを綴った「**添え状**」を送るのが一般的です。しかし、中途採用の場合は、これらの書類に加えて、これまでどんな企業でどんな仕事をしてきたかを明らかにした「**職務経歴書**」を添付するのが基本です。

これらの書類が中途採用の応募に必要な基本3点セットとなります。

①履歴書

氏名・住所・年齢・学歴・職務経歴・資格などを記した書類。採用された場合、退職まで保管される公的な書類です。

②職務経歴書

職務経歴だけを取り上げて、詳細に記述した書類。これまでの仕事の実績を効果的に伝え、自分の能力をアピールします。

③添え状

「書類をお送りしますので、よろしく」という気持ちを伝えるあいさつ状で、とくに強調したい自分の長所をアピールします。

中途採用では即戦力をアピールすることが大事

新卒者の場合は、以前どんな仕事をしてきたか問いたくても問えないわけですが、中途採用の場合は、以前の仕事の履歴が大きくモノを言います。それは企業が中途採用者に求める要素は即戦力だからです。一から育てるより、他社で積んだ経験を自社で生かしてほしいという意図から中途採用を行います。その意図に応えるのが採用の近道です。

「前職の経験を大いに生かしたい」

「自分の資格を今後の仕事に生かしたい」

「早く現場になれ売上アップに貢献したい」

「お客様第一の姿勢を心がけている」

などの即戦力にふさわしい表現が人事担当者の心を打ちます。

応募書類の特徴

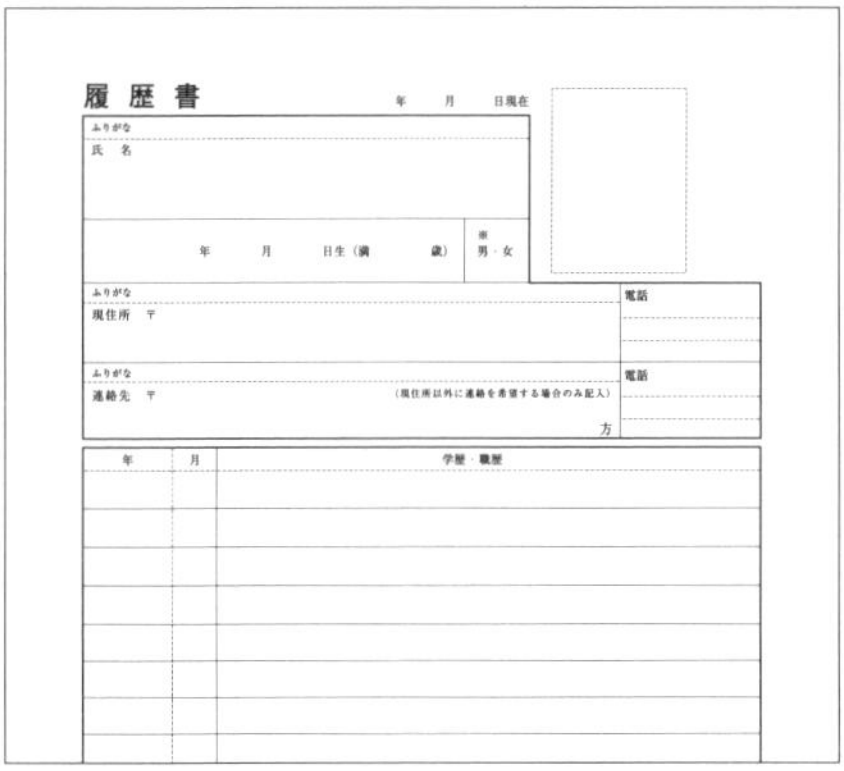

①履歴書

B5（開いてB4）サイズの履歴書を使うのが一般的です。新卒者用・転職者用・パート用など用途によって内容が違うので、注意して選びましょう。応募要項に断りがない限り、手書きが基本です。

②職務経歴書

手書きでもOKですが、最近はパソコンが主流です。A4サイズ横書きで2枚～3枚程度にまとめます。細かい字でびっしり書くと読みづらいので10.5～12ポイント程度の活字で行間をゆったりとります。

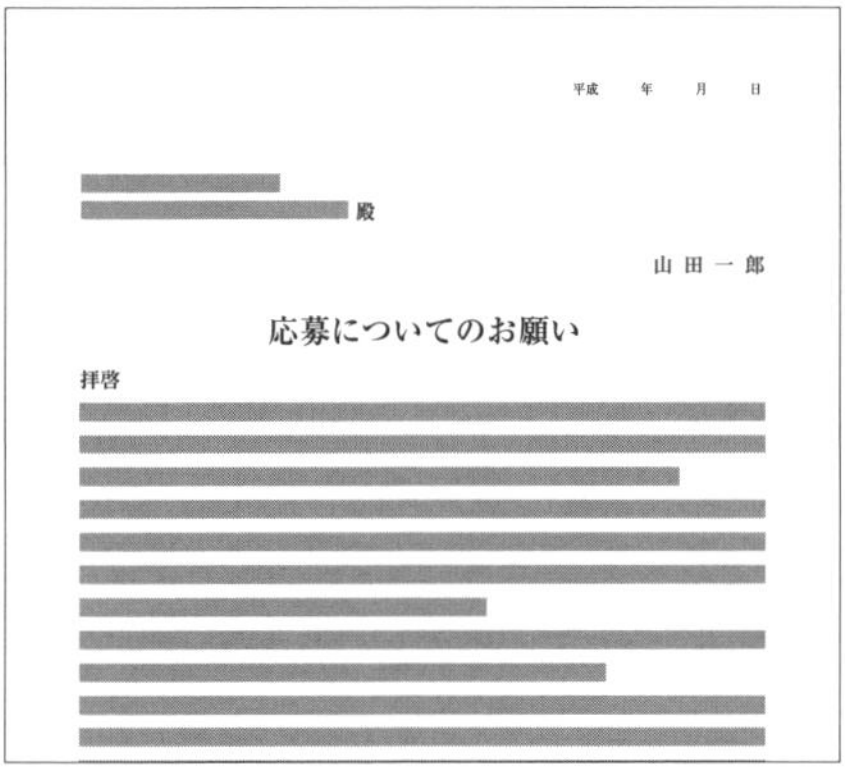

③添え状

決まった書式はなく、手書きでもパソコンでもOK。どちらにしても横書きが見やすいでしょう。1枚で書くのが普通です。上から下までびっしり書くより、ポイントを絞って書くほうが読んでもらえます。

採用される　**応募書類**

企業が応募者に求める4つの資質

決め手の第一は「スキル」と「実績」

企業が採用のときに重視するのは、新しい職場でどれだけ能力を発揮し、貢献してくれるかです。与える仕事をこなす「**スキル**」がなければ就職は困難です。

たとえば、貿易の仕事で語学力が劣る応募者は対象外。経理部門では簿記の知識などは絶対不可欠なスキルです。同時に、キャリア採用の場合そのスキルを生かして、どれほどの仕事をしてきたかといった「**実績**」も重視されます。

履歴書や職務経歴書では自分の「スキル」と「実績」を100％理解してもらうことが大事で、そのための工夫が採否を分けるポイントの1つになります。

正社員だからこそ求められる資質がある

「スキル」と「実績」が企業の求める基準をクリアしていれば、採用される可能性が高いでしょう。ただし、その2点がすべてではありません。そこに「スキル」と「実績」がやや見劣りする応募者にも巻き返すチャンスが出てきます。

とくに正社員を採用する際は、相手は今後長くつき合っていくいわば仲間になるわけで、能力があっても協調性のない応募者は敬遠したいもの。また、覇気のない部下も扱いづらいものです。そこでクローズアップされるのが「**人柄**」と「**やる気**」です。

評価されるのは「人柄」と「やる気」が伝わる書類

「スキル」と「実績」は動かしようがない客観的な資質。しかし「人柄」と「やる気」は人事担当者が感じる主観的な資質です。

応募書類を目にした人事担当者が「誠実な人柄だな」と「仕事に前向きでやる気があるな」と好感を抱いてくれたら、採用のチャンスが広がります。

企業が重視する4つの資質

客観的な資質

スキル

・学位を取得している
・必要な資格を取得している
・必要な技能がある
・企画力がある
・営業力がある
・管理能力がある

ここでアピール

・履歴書の「資格・免許」の欄
・履歴書の「特技」の欄
・職務経歴書で得意分野を自己PR
・添え状で得意分野を自己PR

実績

・職務経歴
・営業などの売上成績
・実務経験
・表彰実績
・得意先・人脈の豊富さ
・前職での昇格実績

ここでアピール

・履歴書の「学歴」「職歴」の欄
・履歴書の「表彰」の欄
・職務経歴書全般

主観的な資質

人柄

・誠実な人柄
・信頼できる人柄
・協調性がある
・謙虚な性格
・気配りができる
・悪口を言わない

ここでアピール

・応募書類全体に誤字がなくマナーにかなっている
・履歴書の「私の長所」欄
・「趣味」「特技」の欄

やる気

・入社への意欲
・仕事への前向きな姿勢
・積極的な提言
・向上心が強い
・向学心がある
・プライベートでも前向き

ここでアピール

・履歴書の「志望動機」欄
・履歴書の「退職理由」の欄
・添え状の「自己PR文」

↓

採用!!

採用される　応募書類

「スキル」と「実績」は効果的に表現する

「スキルや実績は申し分なし」の応募者の落とし穴

資格などのスキルは十分、実績も申し分なし、にもかかわらず何社にも応募書類を送っているのに面接の知らせが届かない人がいます。そんな人は応募した書類の控えをよく見てください。

自分のスキルやキャリアに自信があり、「書類審査にパスするのは当然」と思っていませんか？　そんな自信から履歴書の書き方が雑だったり、記述が少なかったりしたら何社に送ってもムダです。

あるいは、ていねいに書いていているのに通らないとしたら、スキルや実績の書き方に問題があるのかもしれません。どんなに立派な職務経歴でも、ただ時系列に並べただけではアピールできません。

スキルや実績を効果的に表現する方法

前の会社で、１５０％の売上を２年も続けた輝かしい実績があったとしたら、ただ「○○支店で１５０％の売上を２年間継続して達成」ではいまひとつ迫力不足です。

①どのように達成したか
②なぜ達成できたか
③どんな努力をしたか

など、反感を抱かれない程度に補足すると、応募者の内面的な部分までうかがえて共感をもたれやすいのです。

①②③の具体例を上げると

「①同僚・部下と一致団結して事に当たった」（管理能力・コミュニケーション能力が評価できる）

「②地域をブロックに分け新しい顧客開発を行った」（企画力・営業力が評価できる）

「③休日に顧客を訪ね、使い勝手を聞いてまわった」（誠実な仕事ぶり・努力家）

このように、同じ実績でもそれを達成した背景や理由を簡潔に述べれば、アピール度は増します。面接に呼んで、人事担当者はその話をもっと具体的に聞きたいと思うでしょう。

スキルと実績をアピールする

事務職　32歳男性

例1 ◆語学力マニア　不採用

英語はもちろんですが、フランス語、ドイツ語も会話程度なら不自由はしません。語学が好きなので韓国語、中国語も現在勉強中です。

不採用の理由：語学が好きなのはわかるが、仕事にどう生かせるのかわからない。

例2 ◆語学力を仕事に生かす　採用

語学力についてのスキルは勉強中も含め下記のとおりです。翻訳業務などを通して、貴社の世界戦略に貢献したいと希望しています。

①英語　TOEIC 880点

②フランス語　実用フランス語技能検定 2級取得

③ドイツ語技能検定　3級取得

④韓国語　NHK講座を受講

⑤中国語　通信教育で勉強中

採用の理由：入社後、どう貢献できるかが示されている。語学のスキルも箇条書きでわかりやすい。

販売職　28歳女性

例3 ◆経験だけは豊富　不採用

婦人服販売の経験は豊富です。A社の所沢店を皮切りに、4社12店舗で働きました。お客の好みは似たようなものなので、接客には自信があります。

不採用の理由：経験の豊かさが高慢な印象に受けとられ、好感がもたれない。転職の多さについての説明もない。

例4 ◆具体的な「志望動機」　採用

婦人服の専門店で販売のキャリアを積みました。ヤングからシニアまで幅広い年齢のお客さまの洋服を手がけたく、4社を経験しましたが、現在は貴社が扱うミドルエイジの高級プレタに興味があります。1人でも多くのお客さまに、貴社の洋服のすばらしさをお伝えすることができればと思い応募しました。

採用の理由：全体的に謙虚な印象が感じられる。幅広い年齢の洋服の販売を経験したというキャリアもしっかり記述している。

「やる気」「人柄」が正社員になる決め手

やる気が感じられない応募書類はまずハネられる

企業が高収益で大量の社員を雇う場合は、「まじめに仕事をしそうであれば良し」というところでしょうが、不況のまっただ中の採用です。まじめなだけではアピールはできません。自分で仕事をつくり、会社にすぐに貢献してくれそうな応募者でない限り、「採用したい」と思ってはもらえません。

それには、「やる気」がはっきり読み取れる応募書類でないと評価されません。次の①～④のような応募書類は内容以前に「誠実さ」「熱意」の欠如が見られ、絶対２次審査にいくことはありません。

①誤字があるなど書き方が乱暴
②空欄が多く、記述が少ない
③履歴書の写真が無気力
④締め切りギリギリに届いた

最低でも、①～④の基本マナーはクリアしたうえで、「志望動機」「退職理由」など、採用側が重視する項目で前向きな姿勢を強調し、「やる気」を十分にアピールしましょう。

協調性のない応募者は敬遠される

人材紹介会社で人材をスカウトするとき、「仕事の能力」と同程度に重視するのが「協調性」だといいます。チームで仕事を進めるケースの多い日本の企業では、いくら高い能力があっても、周囲と協調するコミュニケーション能力がないと、十分にその能力を発揮することができないからです。

立派な資格や学歴、職務経験だけを頼りにスカウトすると、紹介先からクレームがつくことがあり、その多くは「協調性が足りない」という内容だそうです。

こうしたスキル重視のミスは人材紹介会社だけでなく、どの会社の人事担当者も経験しています。入社後、上司や同僚、部下と問題なく仕事を進められるかどうかの「人柄」を採用の基準にしているのもそうした理由からです。

やる気と人柄をアピールする

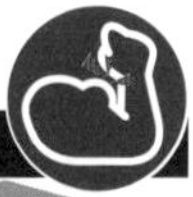

営業職　45歳男性

例5 ◆「退職理由」 不採用

A社では建築材料の営業をしていました。この不景気で売上も上がらず、とくに私が担当した地域は取引先の倒産のあおりを受け、営業所も縮小されました。営業力には自信があるのですが、販売相手が廃業では手の打ちようがありませんでした。

不採用の理由：不景気などのマイナス要因にどう立ち向かったか、努力の痕跡が見られない。言い訳が多くやる気が感じられない。

例6 ◆前向きな「退職理由」 採用

A社では建築材料の営業をしていました。その地域の60%のシェアを確保し、さらに上を目指したところ大手建築会社の倒産に遭いました。そこで中小・零細企業を丹念に回り、やっと売上が伸び始めたところでしたが、会社の経営判断で営業所が縮小することになり退職を申し出ました。

採用の理由：不運が重なったなかでも、前向きにシェアを広げるなどの努力をした様子がうかがえる。

技術職　36歳女性

例7 ◆協調性のない「退職理由」 不採用

食品の会社で商品開発を行っていました。テレビによく流れるCMのヒット商品を開発したのは私です。直属の上司に反対されましたが、役員に掛け合って許可を得ました。役員からは評価されたのですが、直属の上司や同僚のチャレンジ精神に乏しい方針に合わず退職しました。

不採用の理由：正直だが、ひとりよがりの印象がぬぐえない。退職理由では元上司への批判はタブー。

例8 ◆人柄が感じられる「退職理由」 採用

食品の会社で商品開発を行っていました。人気商品の開発にもかかわりましたが、その過程で多くの先輩からアドバイスをいただきました。とても居心地がよい職場でしたが、いまテーマにしている機能食品の研究をさらに進めたく、スキルアップのために退職を決意しました。

採用の理由：前向きな姿勢もあり、新しい会社での人間関係も良好にいくだろうと推測される。

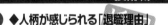

「甘え」が見える書類は絶対不採用!!

「相手が悪い」は自分勝手な思い上がり

面接で以前の会社を退職した理由を問われて「**①待遇が悪かったから**」、「**②上司と合わなかったから**」、「**③自分が低い評価だったから**」などと答える応募者がいますが、まず採用されることはないでしょう。

「**①待遇を承知で入社したのでしょう**」「**②自分から上司に合わせる努力をしましたか?**」「**③自分が思うほど能力がないのかも?**」と面接官はこう疑問を持つはずです。

共通するポイントは「自分が正しく、相手が悪い」という自分勝手な思い上がりです。言い換えれば自分に対する認識の「甘さ」です。

応募書類でも同様で「甘え」が見られる書類は人事担当者が最も嫌うところです。ビジネスマナーが身についていないと判断されてもしかたありません。ビジネス社会は大人の世界なので、「子どもっぽい」と思われたらアウトです。

「希望」も甘えととられないように注意する

履歴書によって「本人希望記入欄」という欄があります。この欄は「①**希望職種**」、「②**希望年収**」、「③**希望勤務地**」などが書けるスペースになっています。雇用は契約である以上、希望はしっかり書いておこうとぎっしり書き込む応募者がいます。

例えば、中小の商社の社員募集で「**①希望職種＝マーケティング**」「**②希望年収＝1000万円**」「**③希望勤務先＝ニューヨーク**」などと書いたら、「何様のつもり」と思われてもしかたありません。だれでも「ちょっと考えが甘いんじゃないか」と思うでしょう。

「本人希望記入欄」は、「親の介護があり勤務先は東京近郊を希望する」など、どうしても譲れない事情があるときに記入します。その記述が原因で不採用になっても諦めがつく事情に限られます。読んだ人が即座に「甘い」と思う「希望」は書かないほうが無難です。

甘えない書類

専門職　39歳女性

例10　◆甘えのない「志望動機」

採用

介護福祉士として、高齢者ケアの仕事をしてきました。正規で働きたいと思っていましたが、2人の子の育児と重なっていたのでパートで働きました。子どもも義務教育を終えましたので、子育てでご迷惑をかけることもないと確信できたので、正規雇用での求人に応募いたしました。

採用の理由：パートを選んだ理由として、子育てで雇用者に迷惑をかけるといけないと思ったと大人の判断が見られる。

例9　◆甘えが見える「志望動機」

不採用

介護福祉士として、高齢者ケアの仕事をしてきました。2人の子の育児と重なっていたのでパートで働きました。それでも突然熱を出すは、学校の役員を振られるは、と大変でした。子育ても一段落したので、ぜひ正社員としてバリバリ働きたいと思います。

不採用の理由：育児との両立は負担が大きかったと推測できるが、その大変さをアピールし、同情を求めるような書き方は「甘え」の印象を与える。

営業職　32歳男性

例12　◆事情のある「希望勤務地」

採用

東京に住む父の介護の問題があり、大阪の会社を退職したので、勤務地は東京近郊を希望します。

採用の理由：事情を簡潔に述べている。浮ついた甘えからの申し出ではないので、会社側にとりあえず転勤の予定がなければ、採用のうえ勤務地の希望を聞き入れる可能性がある。

例11　◆甘い「希望勤務地」

不採用

勤務地は東京近郊を希望します。昨年、子どもも生まれ、家を購入したばかりです。地方への転勤は困難です。以前の会社は通勤で2時間以上かかったこともあり、退職に心が傾きました。可能であれば、自宅に近い都内が理想です。

不採用の理由：このような希望を聞き入れる企業はない。もしどうしてもというなら、全国規模の会社への就職は避けたほうが無難。

採用される

応募書類

「自分ならこんな貢献ができる」が大事

受け身の応募者はプラスの評価は得られない

この不景気下では、上から命じられた仕事を無難にこなす人間より、自分で仕事を創造できる人材が求められています。

外に働きかける営業職はもちろんですが、社内の管理部門である総務や人事などでも同様の傾向があります。合理化を図るアイデア、業務をスムーズに進めるための人事の刷新など、管理部門でも自分から手を挙げプロジェクトを推進するバイタリティがないと、企業人としてやっていくことは困難です。採用の際も、人事担当者は「受け身の人間か」「リーダーになれる人材か」を判断基準にします。

当然、応募者もその判断基準を意識すべきです。仕事に受け身な姿勢は見せず、やる気のある前向きな人間であることをアピールすることが大切です。

どのような貢献ができるか意欲を見せることが大事

やる気を認めてもらうには、入社したら「自分はどんな貢献ができるか」具体的に示すと効果的です。

同業他社への転職であれば、ほぼ仕事の内容は同じでしょう。

①機械メーカー営業「前の会社では月間25件の新規開拓をノルマにしてきました。貴社では月間30件の新規開拓を目指します」

②システムエンジニア「以前、不動産オーナーの資産運営プログラムを設計しました。それに駐車場経営のプログラムを加え、貴社で進めている不動産オーナーの経営ソフトの開発に貢献できます」

③学習塾講師「これまで５４０名の小学生を有名私立校に合格させました。教え子の保護者からも信頼があり、合格者のきょうだいを中心に２５０人程度に働きかけることが可能です」

このように自分のスキルや実績を踏まえた、具体的な貢献案を提示すると評価が得られやすいでしょう。

どう貢献できるか訴える

事務職　29歳女性

例14　◆意欲的な「志望動機」　採用

前職では人事部に在籍しました。研修の企画推進に携わり、人事の仕事の楽しさとやりがいを経験しました。貴社の人事体系の新しさに魅力を感じて志望しました。貴社の人事体系を学ばせていただきながら、これまでの研修実務の経験を生かし、貴社の研修システムの構築に貢献したいと思います。

採用の理由：応募した会社の人事体系をほめながら、自分の研修実務の経験を書き入社への意欲をアピールしている。

例13　◆意欲が見えない「志望動機」　不採用

前職では人事部に在籍しました。とくに人事の仕事にこだわりはありません。ただ営業は苦手です。学生のときに取得した簿記2級の資格も生かせたらいいと思います。もちろん人事の仕事なら理想です。

不採用の理由：相手に合わせる柔軟さがあるというより優柔不断な印象。どんな仕事をして、どんな貢献ができるかをアピールしたほうがいい。

営業職　38歳男性

例16　◆未来志向のアピール　採用

スポーツ用品の営業を16年経験しています。最近のユーザーの傾向は健康志向。登山やウォーキング用品の購入のため年配のお客様が増えています。そうしたユーザーを対象にスポーツ用品だけでなく、サプリメントの提案はできないかと考えます。そうした企画をぜひ貴社で実行したく、営業を希望します。

採用の理由：実績をアピールするとともに、入社後どんな企画を進めたいか提案し熱意をアピール。

例15　◆実績にとらわれたアピール　不採用

スポーツ用品の営業を16年経験しています。過去数回転勤し、その地域で売上を伸ばしてきました。お得意様は小さな小売店が多いので、人間関係が第一です。よい商品を提案すれば自ずとシェアは広がると思うので、貴社の製品なら間違いなく売れます。売る自信があります。

不採用の理由：「売る自信」に具体性がない。過去の実績をアピールするとともに入社後どんな営業活動をしたいかを記述するとよい。

入学・卒業年次早見表

生年	小学校卒業	中学校卒業	高校卒業	短大卒業	大学卒業
昭和41年 (1966)	昭和54年 (1979)	昭和57年 (1982)	昭和60年 (1985)	昭和62年 (1987)	平成元年 (1989)
昭和42年 (1967)	昭和55年 (1980)	昭和58年 (1983)	昭和61年 (1986)	昭和63年 (1988)	平成2年 (1990)
昭和43年 (1968)	昭和56年 (1981)	昭和59年 (1984)	昭和62年 (1987)	平成元年 (1989)	平成3年 (1991)
昭和44年 (1969)	昭和57年 (1982)	昭和60年 (1985)	昭和63年 (1988)	平成2年 (1990)	平成4年 (1992)
昭和45年 (1970)	昭和58年 (1983)	昭和61年 (1986)	平成元年 (1989)	平成3年 (1991)	平成5年 (1993)
昭和46年 (1971)	昭和59年 (1984)	昭和62年 (1987)	平成2年 (1990)	平成4年 (1992)	平成6年 (1994)
昭和47年 (1972)	昭和60年 (1985)	昭和63年 (1988)	平成3年 (1991)	平成5年 (1993)	平成7年 (1995)
昭和48年 (1973)	昭和61年 (1986)	平成元年 (1989)	平成4年 (1992)	平成6年 (1994)	平成8年 (1996)
昭和49年 (1974)	昭和62年 (1987)	平成2年 (1990)	平成5年 (1993)	平成7年 (1995)	平成9年 (1997)
昭和50年 (1975)	昭和63年 (1988)	平成3年 (1991)	平成6年 (1994)	平成8年 (1996)	平成10年 (1998)
昭和51年 (1976)	平成元年 (1989)	平成4年 (1992)	平成7年 (1995)	平成9年 (1997)	平成11年 (1999)
昭和52年 (1977)	平成2年 (1990)	平成5年 (1993)	平成8年 (1996)	平成10年 (1998)	平成12年 (2000)
昭和53年 (1978)	平成3年 (1991)	平成6年 (1994)	平成9年 (1997)	平成11年 (1999)	平成13年 (2001)
昭和54年 (1979)	平成4年 (1992)	平成7年 (1995)	平成10年 (1998)	平成12年 (2000)	平成14年 (2002)
昭和55年 (1980)	平成5年 (1993)	平成8年 (1996)	平成11年 (1999)	平成13年 (2001)	平成15年 (2003)
昭和56年 (1981)	平成6年 (1994)	平成9年 (1997)	平成12年 (2000)	平成14年 (2002)	平成16年 (2004)
昭和57年 (1982)	平成7年 (1995)	平成10年 (1998)	平成13年 (2001)	平成15年 (2003)	平成17年 (2005)
昭和58年 (1983)	平成8年 (1996)	平成11年 (1999)	平成14年 (2002)	平成16年 (2004)	平成18年 (2006)
昭和59年 (1984)	平成9年 (1997)	平成12年 (2000)	平成15年 (2003)	平成17年 (2005)	平成19年 (2007)
昭和60年 (1985)	平成10年 (1998)	平成13年 (2001)	平成16年 (2004)	平成18年 (2006)	平成20年 (2008)
昭和61年 (1986)	平成11年 (1999)	平成14年 (2002)	平成17年 (2005)	平成19年 (2007)	平成21年 (2009)
昭和62年 (1987)	平成12年 (2000)	平成15年 (2003)	平成18年 (2006)	平成20年 (2008)	平成22年 (2010)
昭和63年 (1988)	平成13年 (2001)	平成16年 (2004)	平成19年 (2007)	平成21年 (2009)	平成23年 (2011)
平成元年 (1989)	平成14年 (2002)	平成17年 (2005)	平成20年 (2008)	平成22年 (2010)	平成24年 (2012)
平成2年 (1990)	平成15年 (2003)	平成18年 (2006)	平成21年 (2009)	平成23年 (2011)	平成25年 (2013)
平成3年 (1991)	平成16年 (2004)	平成19年 (2007)	平成22年 (2010)	平成24年 (2012)	平成26年 (2014)
平成4年 (1992)	平成17年 (2005)	平成20年 (2008)	平成23年 (2011)	平成25年 (2013)	平成27年 (2015)
平成5年 (1993)	平成18年 (2006)	平成21年 (2009)	平成24年 (2012)	平成26年 (2014)	平成28年 (2016)
平成6年 (1994)	平成19年 (2007)	平成22年 (2010)	平成25年 (2013)	平成27年 (2015)	平成29年 (2017)
平成7年 (1995)	平成20年 (2008)	平成23年 (2011)	平成26年 (2014)	平成28年 (2016)	平成30年 (2018)
平成8年 (1996)	平成21年 (2009)	平成24年 (2012)	平成27年 (2015)	平成29年 (2017)	平成31年／令和元年 (2019)
平成9年 (1997)	平成22年 (2010)	平成25年 (2013)	平成28年 (2016)	平成30年 (2018)	令和2年 (2020)
平成10年 (1998)	平成23年 (2011)	平成26年 (2014)	平成29年 (2017)	平成31年／令和元年 (2019)	令和3年 (2021)

※早生まれの人は1年引いてください。浪人・留年などがある場合は、表と異なります。

第2章

採用される履歴書の書き方と実例

住所欄・志望動機など各欄の書き方から、印鑑の押し方や写真の撮り方・貼り方まで細かい部分を具体的に実例で解説します。

履歴書用紙と筆記具の選び方

転職者にふさわしい履歴書

ひと口に履歴書といっても、項目の立て方や欄の大きさなどによって多様な種類が市販されています。大きな文房具店など品揃えの多い店に出かけ、自分に合った履歴書を購入しましょう。既卒者で、転職や、正社員採用を目ざしているのであれば、「職歴」「志望動機」欄が大きいものを選びます。ここがPRのポイントだからです。

また、転職者が応募してきた場合、採用担当者は前社の「退職理由」に興味を持ちます。書きにくい項目ですが、いずれ面接まで進めば必ず質問されますから、履歴書を書く段階で考えをまとめておいたほうがよいのです。転職者の中には、「退職理由」欄がある履歴書を避けようとする人がいるかもしれませんが、前向きな「退職理由」を工夫して書く意欲が、採用されるためには必要です。

自分を売り込みやすい項目のある履歴書を

新卒者は職歴がありませんから、「趣味」や「性格」などの自己紹介的な項目が充実している履歴書がふさわしいといえます。新卒者用の履歴書を利用します。

オリジナリティ性が高い経歴を持つ人は自分に合った履歴書はどれなのか迷うかもしれません。そのときは、営業マンの目を持って、自分という商品のPRポイントをよく考え、それがじゅうぶんに書き込める項目を備えたものを選ぶとよいでしょう。

筆記具は万年筆かサインペンやボールペン

筆記具は、万年筆か細いサインペン、ボールペンが書きやすいでしょう。油性タイプは用紙の裏までにじんでしまうので避けます。履歴書は公式の文書ですからインクの色は黒か青。書き慣れた筆記具がなく、迷うようなら黒インクが無難です。

採用　自分に合った履歴書を選ぶ

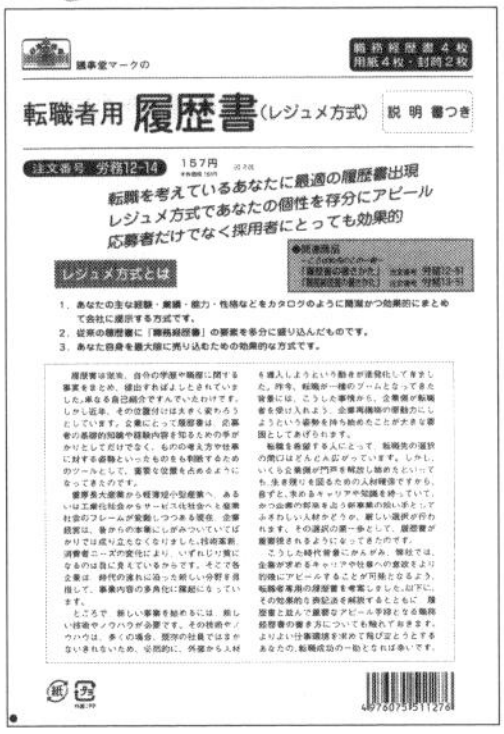

一般者用（新卒用）

「学歴・職歴」欄が左にまとめられ、右は、「得意な学科」「スポーツ」「趣味」「志望動機」「本人希望」の欄が広くとられている。職歴がない新卒者、未経験者に適している。

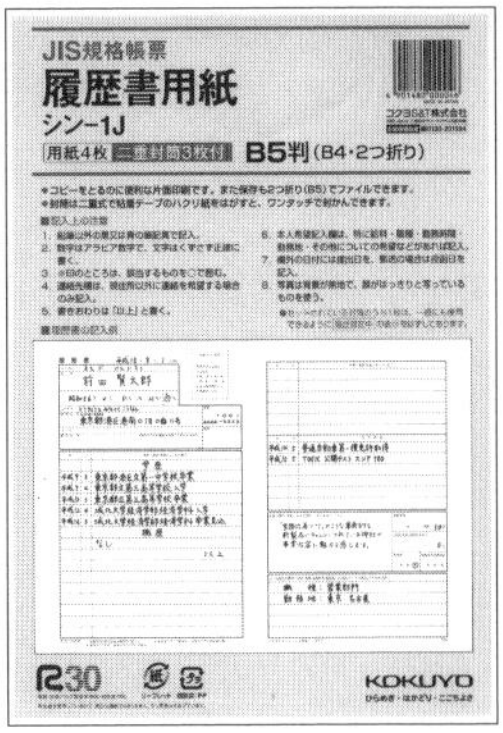

転職者用

「学歴」欄は最終学歴のみで、「職歴」が大きくとられている。「退職理由」、「志望動機」の欄も大きく、転職者が自分をPRしやすい構成。「希望」欄も、「希望勤務地」、「退職時の給与」など細かく設定されている。

パート・アルバイト用

○○○○○○○○

PRESENT ADDRESS:
OBJECTIVE:
WORK EXPERIENCE:

EDUCATION:

QUALIFICATION:
SKILLS:
INTERESTS:

簡単でよい「学歴」、「職歴」のスペースは小さく、代わりに、「希望勤務時間」、「入社希望日」等の欄が設定されている。

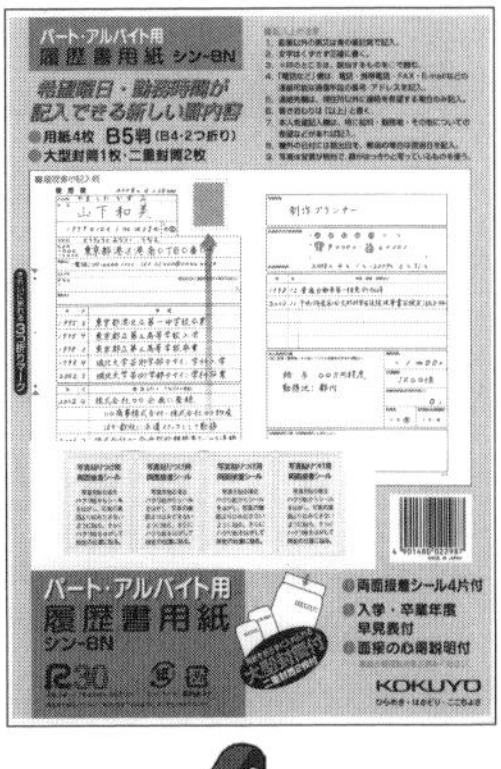

英文例

英文履歴書は決まった書式がなく、A4紙にパソコンで打ち込む。冒頭に名前を入れ、PRESENT ADDRESS（現住所）のすぐ後、一番目の項目としてOBJECTIVE（希望職種）を記入するのが一般的だ。

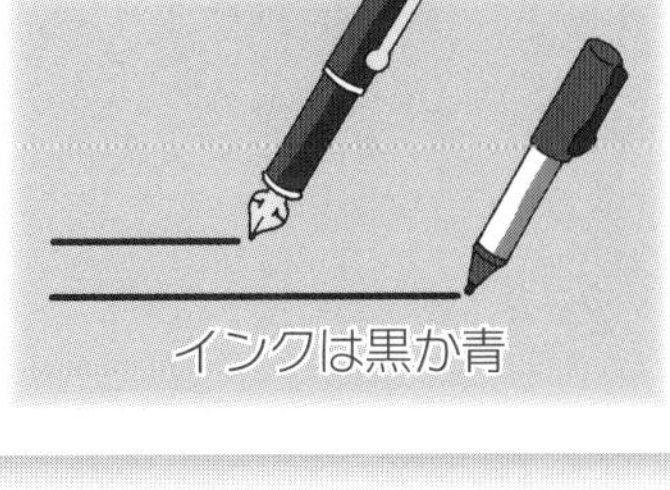

履歴書　書き方

手を抜いた履歴書では絶対通らない

自分のＰＲポイントを見つける作業

履歴書は、採用担当者があなたについて最初に目にする情報です。担当者は、たくさんの応募者からの履歴書に目を通します。その中から、会いたいと思われた人が面接に進めるのです。

Ｂ４見開き１枚の形式ばった文書なので、だれが書いても同じだろうと考えがちですが、そうではありません。自己ＰＲの工夫をしたり、熱意を伝えることで、他人の履歴書とは違ったオリジナリティを出すことができます。

ですから、たとえ学歴や経歴に自信がなくても、適当に書き流してはいけません。履歴書とじっくりと向き合うことは、自分と向き合うことです。自分の経歴を見直し、志望企業の採用担当者にＰＲできる点を見つける作業をとことんすれば、今後の面接や他社への応募などでも迷うことなくスムーズに行動できます。

公式な文書としての体裁が求められる

履歴書は法律的には私文書ですが公式な文書として、採用後は会社に保存されます。学歴、経歴をいつわっても、会社側が調べればすぐにわかりますから、事実を書きましょう。

さらに公式な文書として、年号を統一したり、名称を省略しないなど、ある程度の体裁が求められます。たとえば自分の情熱をＰＲするためにイラストを描きこむことも、履歴書にはふさわしくありません。作品を提出するならば、添付書類とします。

このほか、ついついやってしまいがちな「手抜き」を左ページにあげました。たとえ自分では手抜きのつもりはなくても、採用担当者に与える印象が悪くなります。入社への意欲が伝わる履歴書を作成するためにはこの3点に注意しましょう。

やってしまいがちな手抜き

不採用

例17

見本を丸うつし

退職理由、志望動機などの文章はつい見本の通りに書いてしまいがちだが、それでは多くの応募書類に目を通す採用担当者の興味をひくことはできない。

不採用

例18

修正液を使う

修正液を使った履歴書は採用担当者によい印象をあたえない。エンピツで下書きをしてから記入し、1箇所でも間違ったら、最初から書きなおそう。エンピツ書きはインクが乾いてから、ケシゴムできれいに消す。

不採用

例19

使いまわし

苦労して書いた履歴書なので、不採用で返却されたら、つい他の志望先にも送ってしまいがちだ。しかし、用紙がやや黄ばんだり、角が折れたりして、採用担当者には使いまわしだとすぐにわかってしまう。

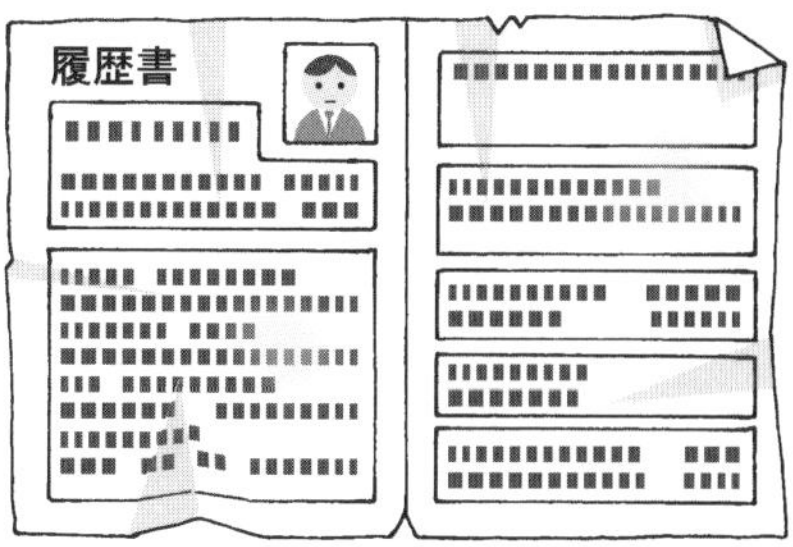

履歴書 書き方

履歴書作成の5つの注意点

採用担当者が面接したくなる履歴書とは

面接担当者が会いたくなるのはどんな履歴書でしょう?

もちろん経歴が素晴らしければ、企業に役立つ人材である確率がかなり高いですから、面接したいと思うでしょう。しかし、世の中は決して学歴・職歴が華やかな人ばかりではありません。そして企業も多様な人材を求めていますから、採用担当者は、学歴・職歴以外の部分にも着目し有為な人材を見つけようとします。

また、たくさんの応募履歴書があると、同じような「経歴」である5枚の中から、面接に呼ぶ1人を選ぶということも出てきます。このとき5枚の中から1枚だけ選ばれる履歴書を作成しなければなりません。そのためには、項目ごとにさまざまな「書き方の工夫」が必要ですが、まずは履歴書を書くにあたって注意しなければいけない5つのポイントがあります。

誤字・脱字は必ず「ある」と思って見直す

社会人が書類を書くときに、もっとも恥ずかしい失敗は何でしょう? それは誤字・脱字です。そしてこれは、だれもがおかしやすい失敗でもあります。「誤字・脱字は必ずある」と思って、下書き、清書、見直しの各プロセスでくり返し見直すことが大切です。辞書を手元に置いて、怪しいと思う熟語や漢字は必ず確かめましょう。

また、書き損じたとき修正液を使う応募者がいますが、一生を左右する大事な書類ですから、書き損じたら別の用紙を使って書き直しましょう。

省略せず、読みやすいていねいな文書を作成する

次に、公式な文書を作成するのですから、名称を省略しないことです。そして、空白が目立つ履歴書は書かないことです。空白は読み手の

第一印象を悪くします。「埋める」と消極的にとらえないでアピールできることを精一杯アピールすれば自然に空白のない履歴書が完成します。

最後に字に自信がない人は、急いで書きがちなので、1字1字ゆっくりていねいに、担当者が読みやすいような字を書きましょう。

熱意が感じられない履歴書は通らない

これまで挙げた注意点は気をつければ避けられるミスです。担当者は「仕事でもミスをするのでは」と心配すると同時に「こんな履歴書で本当に入社する気があるのか」と熱意を疑います。こうなると、受かる可能性はほとんどゼロですから、熱意を感じられる履歴書を書くように心がけましょう。

注意1 熱意が伝わる履歴書を書く

■退職理由

例21 採用

通信分野の営業にたいへんやりがいを感じておりましたが、中国語検定ビジネスレベルに合格したことを機会に、海外での営業業務のキャリアアップをはかりたいと考え退職を決意いたしました。

例20 不採用

中国でのビジネスに転身したかったため。

■志望の動機

例23 採用

私は、貿易事務の知識と通信分野での営業経験をつんで参りました。通信ソリューション分野で確固たる実績を築き、海外に拠点を広げつつある御社に貢献できるものと確信し応募いたしました。

例22 不採用

海外営業に興味があるため。

誤字・脱字に気をつける　注意2

誤字・脱字は、注意を怠らなければだれでも防げるミスです。小さなミスでも大きく印象を損ないます。下書きをしてから清書するのがベスト。最初に出す会社には気をつけても、不採用が続き5枚、10枚と書いていくと、つい注意力が散漫になり小さなミスをしがちです。何度書いてもしっかり読み返す習慣を忘れないようにしましょう。

■誤字・脱字

例24　不採用

平23年より2年間仮児島支社に勤務し、営業・計理・広報などの職務を兼務し俯観的な視点で経営を見る力が養われました。また初めての土地で、地の方々とお付き合いすることによって、コミニュケーション能力が高まりました。

例25　採用

平成23年より2年間、鹿児島支社に勤務し、営業・経理・広報などの職務を兼務し俯瞰的な視点で経営を見る力が養われました。また初めての土地で、地元の方々とお付き合いすることによって、コミュニケーション能力が高まりました。

■表記の不統一

例26　不採用

2004年にアメリカの子会社に転勤になりました。三年間、ゲーム・ソフトのセールスを行った。平成十五年に帰国後、2年間本社人材開発部に勤務……

（不統一）（不統一）

例27　採用

2004年にアメリカの子会社に転勤になりました。3年間、ゲーム・ソフトのセールスを行いました。2007年に帰国後、2年間本社人材開発部に勤務……

住所、会社名などは省略しない　注意3

履歴書は公式の文書なので、正式な名称を書くようにしましょう。例えば住所であれば都道府県名から書くのが正式です。会社名も「㈱前田商事」と略すのは厳禁。必ず「株式会社前田商事」とします。さらに「株式会社」が前に付くのか、後に付くのかも感違いしやすい失敗なので注意しましょう。

■住所

例28　不採用

府中市みどり町1-2-3#405

例29　採用

東京都府中市みどり町1丁目2番地3号 ムーンレジデンス405号

■学歴・職歴

例30　不採用

花丸高卒
全日本総合電気(株)

例31　採用

東京都立花丸高等学校卒業
全日本総合電気株式会社

■資格

例32　不採用

英検2級

例33　採用

実用英語技能検定2級合格

空白がないように書く　注意4

どの項目欄でも自分をPRする工夫をし、空白が目立たない履歴書を作成することが大切です。書く要素がたくさんある人は、自分のPRポイントを決め、それに沿って、すっきりまとめるようにします。書式に合わせて過不足なく書類を仕上げるようにしましょう。

例34　不採用

年	月	学歴・職歴
平成18	4	○×商事株式会社入社
		アジアセクションに配属
平成20	8	一身上の都合により退社
平成20	11	株式会社凸凹通信入社
		第三営業部に配属
平成26	4	係長に昇格
令和3	12	一身上の都合により退社

例35　採用

年	月	学歴・職歴
平成18	4	○×商事株式会社入社
		アジアセクションに配属
		アジア地域での取引における貿易事務業務、商品管理
		業務に従事
平成20	8	一身上の都合により退社
平成20	11	株式会社凸凹通信入社
		第三営業部に配属
		関東地域の公共施設への営業を担当
		同地域の携帯電話の契約数10倍増(3年間)の実績
		に貢献した
平成26	4	係長に昇格
		部下7名
令和3	12	一身上の都合により退社

1字1字ゆっくりていねいに書く 注意5

達筆でなくても、ていねいに書くことでこちらの熱意をわかってもらうようにしましょう。性別などを示す丸囲みなどもていねいに。また学歴・職歴欄、業務内容などの説明文は1字分空けて書き始めると読みやすくなります。担当者に会いたいと思ってもらうためには、まずこちらから会いたいという気持ちを履歴書にこめることが大切です。

例37 ◆ていねいな例 採用

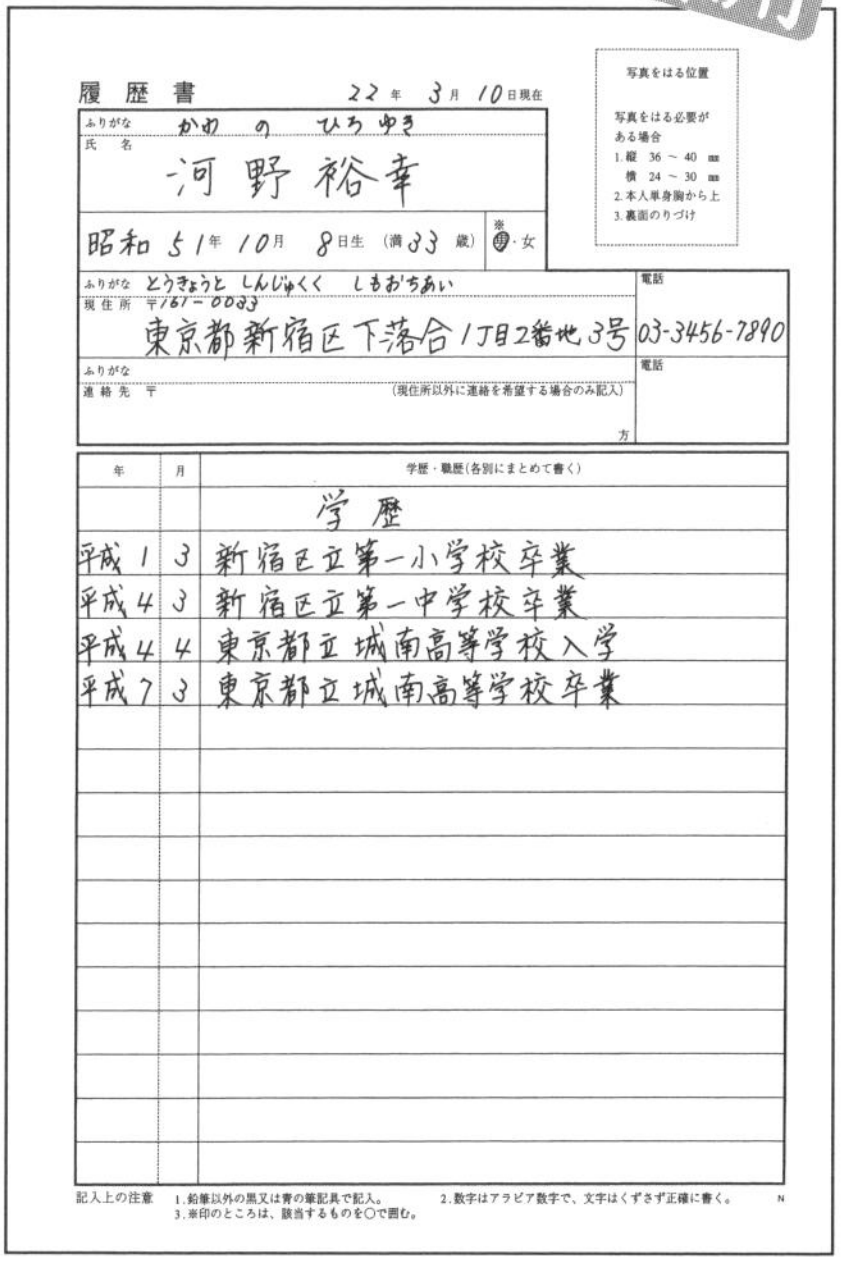

履歴書 22年 3月 10日現在
ふりがな かわの ひろゆき
氏名 河野裕幸
昭和51年10月8日生（満33歳） ※男・女
ふりがな とうきょうと しんじゅくく しもおちあい
現住所 〒161-0033 東京都新宿区下落合1丁目2番地3号
電話 03-3456-7890
ふりがな
連絡先 〒 （現住所以外に連絡を希望する場合のみ記入） 方
電話
写真をはる位置
写真をはる必要がある場合
1.縦 36～40 mm
横 24～30 mm
2.本人単身胸から上
3.裏面のりづけ

年	月	学歴・職歴（各別にまとめて書く）
		学歴
平成1	3	新宿区立第一小学校卒業
平成4	3	新宿区立第一中学校卒業
平成4	4	東京都立城南高等学校入学
平成7	3	東京都立城南高等学校卒業

記入上の注意 1.鉛筆以外の黒又は青の筆記具で記入。 2.数字はアラビア数字で、文字はくずさず正確に書く。 3.※印のところは、該当するものを○で囲む。

採用の理由：上手でなくてもていねいに書いてある印象で好感を持たれる。

例36 ◆乱暴な例 不採用

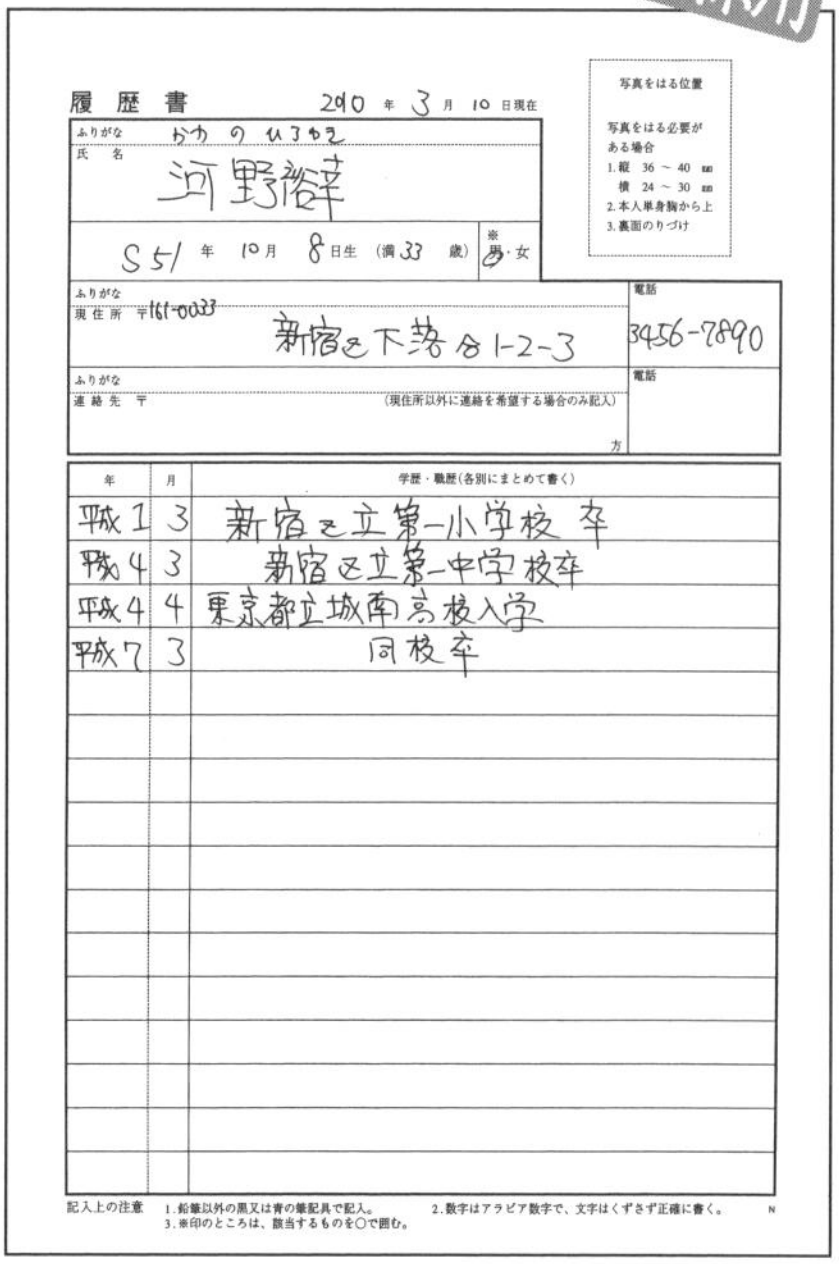

履歴書 2010年 3月 10日現在
ふりがな かわの ひろゆき
氏名 河野裕幸
S51年10月8日生（満33歳） ※男・女
ふりがな
現住所 〒161-0033 新宿区下落合1-2-3
電話 3456-7890
ふりがな
連絡先 〒 （現住所以外に連絡を希望する場合のみ記入） 方
電話
写真をはる位置
写真をはる必要がある場合
1.縦 36～40 mm
横 24～30 mm
2.本人単身胸から上
3.裏面のりづけ

年	月	学歴・職歴（各別にまとめて書く）
平成1	3	新宿区立第一小学校卒
平成4	3	新宿区立第一中学校卒
平成4	4	東京都立城南高校入学
平成7	3	同校卒

記入上の注意 1.鉛筆以外の黒又は青の筆記具で記入。 2.数字はアラビア数字で、文字はくずさず正確に書く。 3.※印のところは、該当するものを○で囲む。

不採用の理由：文字が乱暴で大きさも揃っていない。バランスが悪く、熱意が感じられない。

表記は細部にまで気をつける

慣れていない人は「統一」を意識する

ビジネス文書は表記が「統一」されなければなりません。会社で文書を書き慣れている人は自然に身についているでしょうが、そうでなければ意識して「統一」しましょう。

年号＋算用数字が一般的

履歴書で頻繁に登場する表記は、年月日ですが、２０２０年と令和二年が混在していてはいけません。どちらかに統一する必要があります。日本企業に提出するのであれば、年号＋算用数字が一般的です。

例：令和３年

せっかく履歴の欄では統一できていても、提出日や志望動機などの文章で、うっかり西暦を書いてしまいやすいので注意しましょう。

何度も書く名称には注意する

会社名などの名称を省略しないことは、すでに説明しましたが、何度も書いているうちに、うっかり省略してしまうことがよくあります。たとえば、「大日本総合電気株式会社」と正式名を書いても、志望動機の欄で、いつもの癖で「大総電気(株)では、総務部に……」のように書いてしまいがちです。

国名もアメリカと米国、イギリスと英国、などが混在しないようにしましょう。たとえば志望動機欄の中に「アメリカ留学を経て……。米国では人脈も増え……」と混在しないことが望ましいのです。

「です・ます」か「である」に統一

文章の最後は、「です・ます」調、「である」調のどちらでもかまいませんが、どちらかに統一します。最近では「です・ます」が主流のようです。小説など特殊な効果を狙う場合をのぞき、統一するのが日本語の不文律になっており、まざっていると幼稚な感じを与えます。

表記統一チェックリスト

年

- □ 日本企業であれば年号で
- □ 算用数字で書く
- □ 提出日
- □ 生年月日
- □ 学歴
- □ 職歴
- □ 免許・資格
- □ その他

名称

- □ 略さず正式名称で統一する
- □ 住所
- □ 学校名
- □ 会社名
- □ 免許・資格名
- □ 国名
- □ その他

文体

- □「です・ます」か「である」のどちらかに統一

履歴書 書き方

文章は簡潔に自分の言葉で書く

自分の経験を自分の言葉で書く

文章は苦手だし面倒だからと、なるべく文章欄が少ない履歴書をさがすようではいけません。

特に転職者や既卒者にとって、「退職理由」「志望動機」欄などは、自分をアピールする重要な項目です。採用担当者に会ってみたいと思わせる文章を仕上げなければなりません。すでに説明したように、見本の丸写しでは、担当者にすぐに見抜かれてしまいます。なぜなら、そこには、あなた自身の経験から出てくる言葉がないからです。あなたの経験をあなたの言葉でアピールする文章を書きましょう。

ひとつひとつの文を短くしてみる

一文はなるべく短くするようにしましょう。まず、思っていることをそのまま書くと長くなるので、それを短くすることで内容を整理できる効果があります。特に文章が苦手な人は、推敲《すいこう》をしてなるべく一文を短くしてみてください。

具体的な言葉を使う

左ページの**例40**の文章を読んでください。サラリと読めて、うまくまとまっているようですが、具体性に乏しく、書き手の姿が見えてきません。

志望動機が「自由闊達で、新しいビジネスモデルに挑戦する社風」では抽象的すぎます。「海外に拠点を広げている」、「一般消費者に顧客を広げつつある」など志望会社を具体的な言葉で表現します。さらに、「タイ駐在2年」、「お客様相談室に1年」と自分の姿も具体的な言葉でアピールしましょう。

また**例43**のように仕事歴ではない経験も、希望職種に役立つことをアピールできます。考え工夫された文章が、採用担当者に「この人に会ってみたい」と思わせることができるのです。

文章を書く3つのコツ

例38 1文が長い

不採用

長年通った会社であり、私としては辞めたくなかったのですが、折りからの不況の影響で人員整理となり、上職のすすめもあり顔をたてる必要もあり、泣く泣く退職することにしました。とても残念です。

例39 センテンスは短く

採用

早期退職者優遇制度に応募し退職いたしました。お世話になった方々にご恩返しをするためにも、前社で身につけた法人営業の経験を生かし、新しい職場で実績をあげていきたいと思っております。

例40 表現が抽象的

不採用

以前から御社の自由闊達で、新しいビジネスモデルに挑戦する社風にあこがれておりました。ぜひ、御社の一員となって、自分の力を発揮し、成長していきたいと思い応募いたしました。

例41 言葉は具体的に

採用

アジア、中南米地域に拠点を広げている御社であれば、私のタイ駐在2年の経験を存分にいかし貢献できると考え応募いたしました。またお客様相談室に1年在職したことも、一般消費者に顧客を広げる御社に貢献できる経験だと考えております。

例42 アピール不足

不採用

出産をして退職しましたが、子どもたちも中学生になりますので、再び働きたいと応募いたしました。

例43 自分の経験をアピール

採用

子どもが成長しフルタイムで働けるようになり応募いたしました。前職は一般事務職でしたが、子育てを通してPTA活動など地域活動に携わりコミュニケーション経験を積みました。お客様とのコミュニケーションに生かせると考えております。

採用される履歴書の書き方

②写真は清潔感をアピールする▶P60
男性「健康で気力にあふれている」
女性「明るく上品な笑顔」

年	月	免許・資格・専門教育

⑥免許・資格欄で即戦力であることをアピール▶P68
「受験をめざし勉強中」もOK

退職理由

⑦退職理由は前向きな転職を証明する▶P70
自己都合退職者は工夫のしどころ

趣味・特技

⑨趣味・特技で幅広い人間性をアピール▶P74

健康状態

志望の動機

⑧志望動機は実績を踏まえて具体的に書く▶P72
「裏づけ」のある志望動機を

本人の希望

⑪本人希望は納得されそうな範囲で書く▶P76

通信欄

通勤時間	
約　時間　分	
扶養家族数（配偶者を除く）　人	
配偶者　※ 有・無	配偶者の扶養義務　※ 有・無

⑫通信欄は連絡方法の希望などを書く▶P77

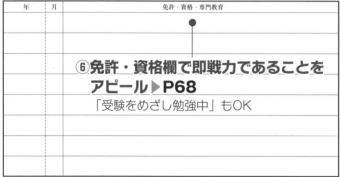

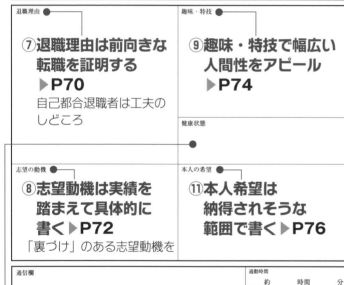

①氏名・住所の書き方ルールはこうだ!! ▼P58

履歴書の「顔」をきっちりととのえる

③捺印で社会人のマナーがわかる ▼P62

まっすぐクッキリ捺印テクニック

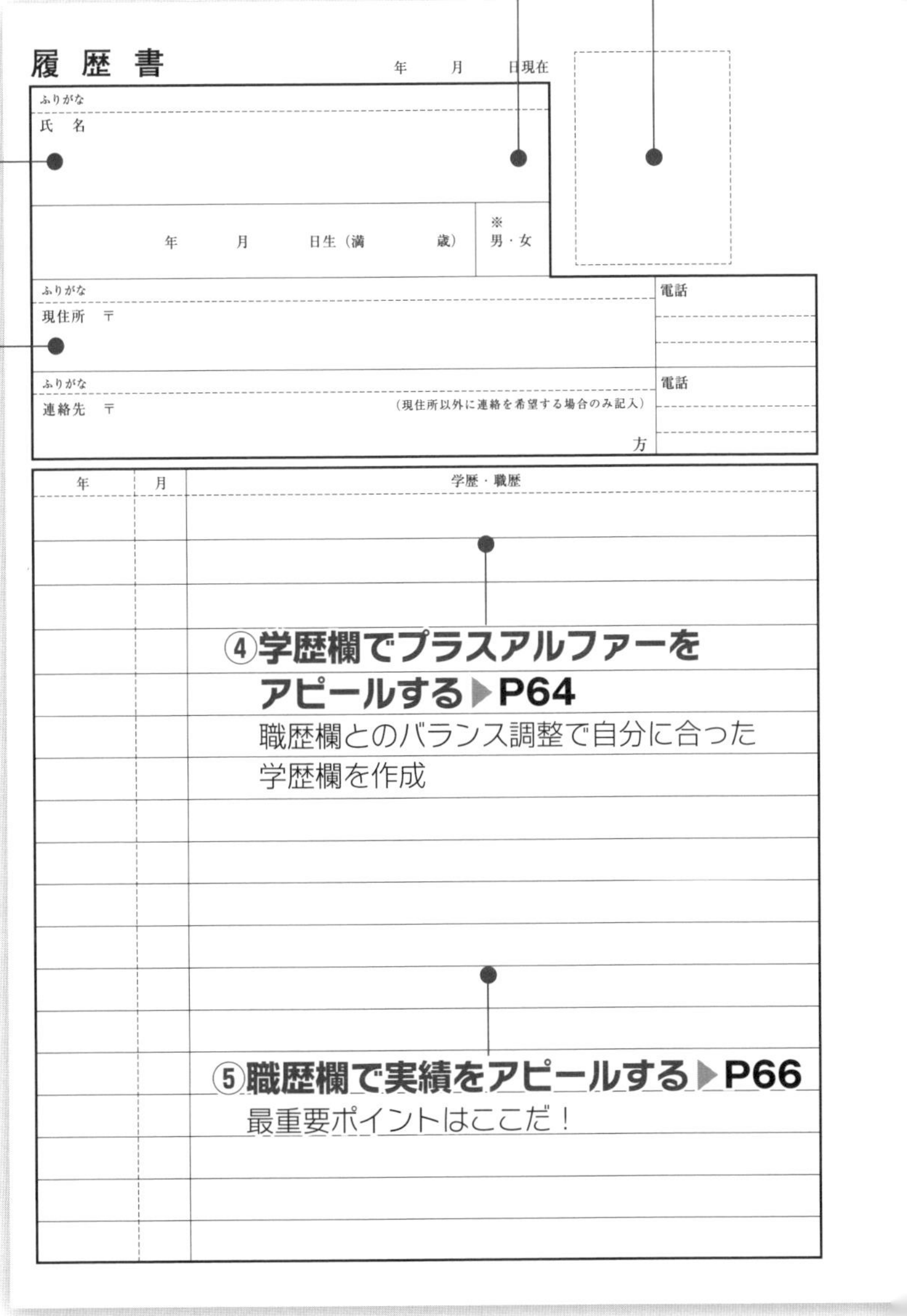

④学歴欄でプラスアルファーをアピールする ▶P64

職歴欄とのバランス調整で自分に合った学歴欄を作成

⑤職歴欄で実績をアピールする ▶P66

最重要ポイントはここだ！

⑩健康状態は業務に支障がない限り「良好」 ▶P75

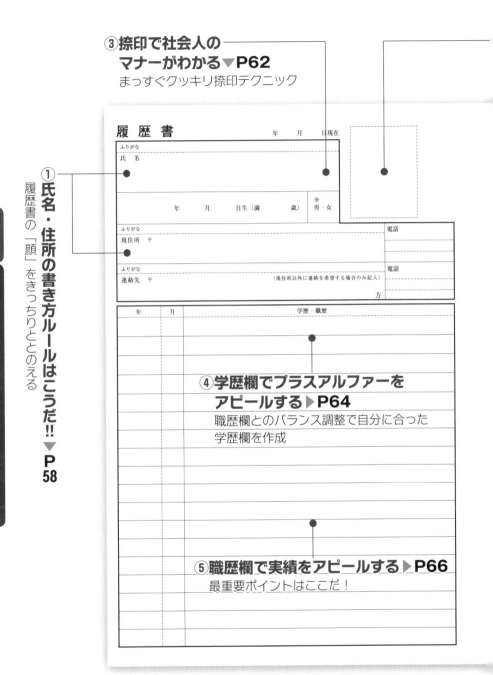

POINT 1 氏名や住所の書き方ルールはこうだ!!

第一印象の良い履歴書作成のために

氏名、住所は、写真は、採用担当者が最初に見る履歴書の「顔」です。よい第一印象を持たれるように気を配りましょう。写真は別項で説明しますので、ここでは氏名、住所の書き方をとりあげます。

省略せずバランスよく

基本的には30ページで説明した、履歴書作成の5つの注意点

①熱意が伝わるように
②誤字・脱字がない
③省略しない
④空白がない
⑤ていねいである

をクリアできればよいのです。

特に氏名、住所欄で注意したいのは、会社に提出する公式な文書として、住所の「都道府県」や「丁目」、「番地」、「集合住宅名」「電話の市外局番」などは省略せず、欄の中にバランスよく書きます。

空白については、ぎっしり詰めるというよりバランスよく欄の中に納めることを考えてください。氏名が左右どちらかに偏って、空白があいてしまうのではなく、バランスよく文字が並ぶように。また、住所は、集合住宅名まで記入すると、最後の右端が窮屈になりがちなので、気をつけましょう。

この後、経歴や志望動機などを記入する場合もバランスを意識することで、全体として読みやすい書類を仕上げることができます。

メールアドレスがあれば記入する

「連絡先」は、現住所と異なる場合のみ記入します。なければ空欄でよいのです。「同上」あるいはくり返しの記号「〃」と書き入れる人がいますが、必要ありません。

自宅電話でなく携帯に連絡を希望する場合はここに書くとよいでしょう。また、連絡可能なメールアドレスがあれば記入します。

公式文書としての氏名・住所

例44

氏名 は字間を詰めすぎずバランスよく。

ふりがな は平仮名で。用紙が「フリガナ」ならば片仮名にする。

年月日 は元号と算用数字で統一する。(日本企業の場合)

性別 の丸囲みはていねいに。

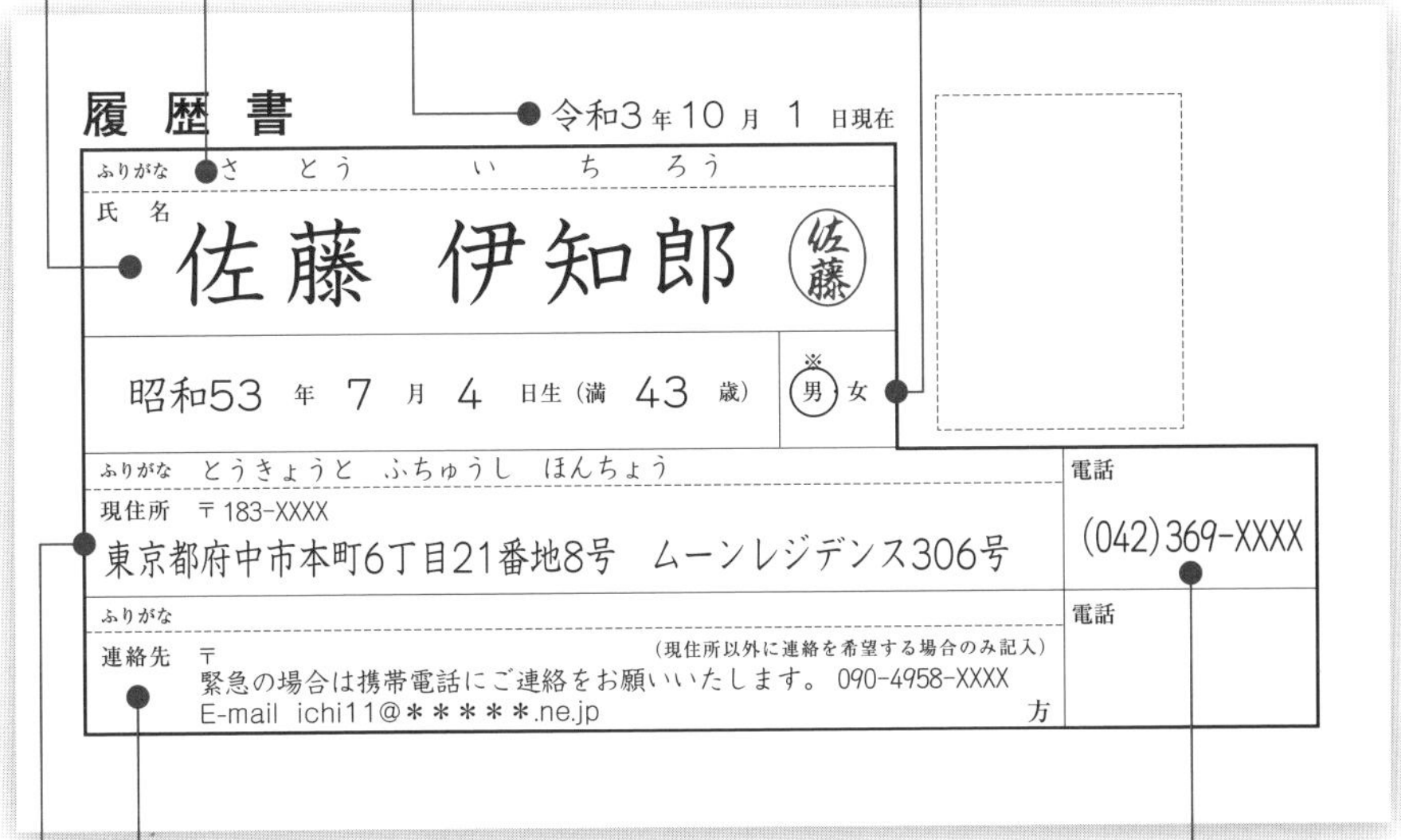
履歴書　令和3年10月1日現在

ふりがな　さ　とう　　いち　ろう		
氏名　佐藤　伊知郎　(佐藤)		
昭和53年7月4日生(満43歳)	※ (男)・女	
ふりがな　とうきょうと　ふちゅうし　ほんちょう		電話
現住所　〒183-XXXX　東京都府中市本町6丁目21番地8号　ムーンレジデンス306号		(042)369-XXXX
ふりがな		電話
連絡先　〒　(現住所以外に連絡を希望する場合のみ記入)　緊急の場合は携帯電話にご連絡をお願いいたします。090-4958-XXXX　E-mail ichi11@＊＊＊＊＊.ne.jp　方		

電話番号 は市外局番から。

連絡先 は現住所と同じならば何も書かない。携帯電話番号、メールアドレスを入れるならばここに。

現住所 は都道府県から。
丁目以下 は略さず、「丁目」「番地」「号」を使う。
集合住宅 は略さず名称を入れる。

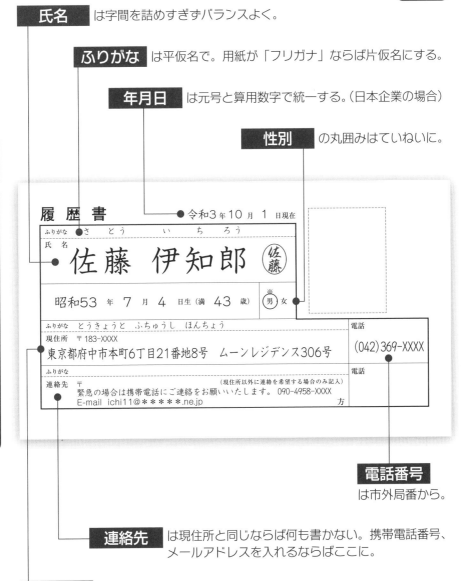

POINT 2 写真は清潔感をアピールする

感じのよい写真を撮る

写真が苦手だという人は少なくありません。しかし履歴書には写真が必要で、どうせ撮るなら、好感度の高い写真にしたいものです。

身なり服装については、左ページを読んで履歴書にふさわしいものを身につけてください。

このほか写真映りをよくするポイントは次の通りです。

①表情

目を見開き加減にすると目力が加わって印象がよくなります。しかし上目づかいになると、人相が悪くなりますから注意。

さらに、口を「へ」の字に結ぶのでなく口角を上げるとソフトな雰囲気になります。特に女性は、にこやかにほほえむぐらいのソフトな印象が好感度につながります。

目、口もとの表情は、鏡を見ていろいろ試して、これならという「勝負顔」を見つけておくと、後々面接でも役立ちます。

②撮影は写真館で

写真は、照明の技術がしっかりした写真館で撮影しましょう。

③スピード写真はハンカチを

時間の都合などで、やむを得ずスピード写真を利用する場合は、いすと光に気をつけます。まず、いすの高さを調節し背筋をのばした状態で、目がややレンズを見下ろす位置にくるようにします。

そして、ひざの上に白いハンカチやバッグを置きます。光が下からも反射し顔のかげりを少なくするからです。試し撮りで画面を確認してから本番を撮りましょう。

写真は最後に貼る

写真は、はがれてもよいように裏に名前を書き、履歴書作成の最後に貼るとよいでしょう。最初に貼ると、作成中に写真の表面に指紋がついたり、角が折れ曲がったりしやすいためです。

高好感度写真テクニック

例46 女性

採用 **明るく上品な笑顔**

口もと 口角をめいっぱい上げてステキな笑顔を。

髪 ロングの場合は肩の後ろへたらす。前髪が額にかからないように。
メイク ファンデーションは厚めに。不自然になるようなら首にも。眉はきつくならない程度にキリッと。アイシャドウは明るい色を薄めに、ぼけるパールは避ける。アイラインは細くハッキリと。健康に見えるよう必要ならチークを。
スーツ 紺、黒、グレーなど落ち着いた色のスーツを選ぶ。
アクセサリー 外すのが無難。

例45 男性

採用 **健康で気力にあふれている**

目 大きめに開く。しかし上目づかいにならないよう注意。

口もと 口角を上げ気味に微笑するとソフトな印象になる。

髪 撮影前日に散髪に行く。前髪が額にたれないように。
ひげ 通常の職種を希望するなら剃ったほうがよい。
スーツ 紺、黒、グレーなど落ち着いた色を選ぶ。上着の一番下のボタンをはずすと、座ってもシルエットがくずれない。
シャツ 白地が無難。
ネクタイ 派手なものは避ける。曲がっていないか、結び目がゆるんでいないかチェック。

例47 こんな写真では不採用

女性

男性

女性
ノーメーク メークをしたほうが写真うつりがよい。
アクセサリージャラジャラ 男女とも何もつけない。ピアスもはずす。
ナナメから撮影 履歴書写真は正面が常識。
暗い表情 ライトが暗いと暗い表情になるので注意。
日焼けして赤い ファンデーションの下にグリーンのコントロールカラーを使うと押さえられる。
男性
無精ひげ 濃い人は撮影前によく剃る。
茶髪 黒く染めなおす。
カジュアルな服装 スーツ着用のこと。
寝ぐせヘア 整髪料などで整える。

POINT 3 捺印で社会人のマナーがわかる

履歴書作成の最初に捺印する

履歴書には、印鑑の欄があるタイプがあります。押し慣れていない人は、きれいに捺印するのは意外と難しいものです。

何度か練習し、履歴書作成の最初に押すとよいでしょう。何枚か押してみて、一番きれいに捺印できたものに記入すれば、段取りとしてスムーズです。

印鑑欄がない履歴書には押さなくても問題はありません。気になるのであれば、43ページの例のように、氏名の最後に押捺すればよいでしょう。

スタンプ式はさける

個人用の印鑑には、「実印」「銀行印」「認印」などがありますが、履歴書には「認印」を押します。

いわゆる三文判と呼ばれるもので、役所に登録している「実印」、銀行に登録している「銀行印」とは異なります。日常的に、会社の閲覧文書や、宅配便の受け取りに押すものですから、社会人であれば1、2本は持っているのではないでしょうか。しかし、スタンプ式は、公式な文書にはふさわしくないとされているので、履歴書には避けてください。日ごろスタンプ式を愛用している人は、朱肉はインクに比べてやや乾きにくいので、捺印後よくかわくまで、手などでこすらないように注意が必要です。

意外と磨耗したり欠けていたりする

「認印」は、頻繁に使うものだけに、いつの間にか、文字や周囲の円囲みが欠けていたりするものです。街にでれば手軽に購入できますから、磨耗や欠けなどがあれば、新しく買い換えるとよいでしょう。

押捺は、まっすぐクッキリが美しいですね。慣れていないと、斜めに押したり、天地逆に押してしまうこともあります。

まっすぐクッキリ捺印テクニック

例49 採用

例48 **こんな捺印では** 不採用

欠けている

二重押し

斜め押し

かすれ

まっすぐクッキリ捺印の流れ

印章の状態チェック

欠けていないか?
磨耗していないか?
ゴミがついていないか?　など

土台を用意

机などの上では押しにくいので、用紙の下に本やノートなどを敷きクッションにする。

試し押し

何度か試し押しをして、感触をつかむ。

履歴書記入の最初に押す

最後に押して失敗した場合、書き直すのが大変なので最初に押す。朱肉が乾かないうちに書き始めるとすれて汚れるから注意。

POINT 4 学歴欄でプラスアルファをアピールする

学歴欄はスペース調整欄

多くの履歴書では学歴欄と職歴欄はひとつになっています。即戦力の人材として求められる転職者の場合、重要なのは職歴ですから、学歴はスペース調整項目だと考えましょう。職歴をまず書いてみて、残りのスペースを学歴にあてればよいのです。職歴が多い場合は、学歴は高校卒業年からでもよいし、最終学歴だけでもかまいません。（最終卒業校の入学、卒業年）

いっぽう、年齢が若い、アルバイト経験が長い、子育てでブランクがあるなどの理由で、職歴が短いのであれば、学歴スペースを多めにとって、その中でアピールポイントを工夫します。

学歴欄のアピールポイント

たとえば高校の場合、専攻までは書かないのが普通ですが、志望企業あるいは職種と関係あるならば、ぜひとも記入しましょう。卒論もアピールできるものであれば、簡単に内容を説明します。

留学は一般的に1年以上から学歴になるとされますが、短期であっても留学先や目的が採用担当者にアピールできるものであれば記入します。

語学学校や会計スクールなどは学歴にはなりませんが、資格の欄に書きましょう。

ポジティブな印象を与える工夫を

休学、留年、中退などは、「病気療養のため。現在は回復し、健康は良好」、「NPOボランティア参加のため」、「父の病気のため」など採用担当者が納得できる理由を添えます。たとえ、なんとなく中退してしまったとしても、「在学中からのチェーン居酒屋店でのアルバイトを続け店長代理を務めました」など、経歴の中にアピールできる部分をさがして表現します。

学歴欄の工夫の仕方

例50

中学校までは卒業年のみ。

休学は隠さず記入＋ポジティブ表現で。

年	月	学歴・職歴
		学　歴
平成3年	3	南北市立第一小学校卒業
平成6年	3	南北市立朝日中学校卒業
平成6年	4	大阪市立法善寺高等学校入学
平成7年	5	脊椎カリエスのため休学(平成8年3月まで)
		完治し、現在、日常生活や業務にはまったく支障ありません。
平成10年	3	大阪市立法善寺高等学校卒業
平成11年	4	帝都大学経済学部経営学科入学
平成12年	10	オーストラリアギブソン大学に語学留学(1年間)
平成15年	3	帝都大学経済学部経営学科卒業
		卒業論文「コーポレントガバナンスの日豪比較」
		豪企業へのアンケート調査と聞き取り調査を実施し、両国
		のコーポレントガバナンスの実情を分析し、国際社会の一
		員としての今後の方向を提案しました。

大学受験浪人と予備校名は書かなくてよい。

卒業論文はアピールポイントになる。

留学経験は学歴になる。

POINT 5 職歴欄で実績をアピールする

仕事歴はアピールポイントに沿って整理する

転職者の履歴書で最も重要な部分は職歴欄です。

入社退社年はすべて記入しなければなりませんが、それ以外の項目は、自分がアピールしたい点に沿って整理します。

たとえば、左ページの例では、太陽電池メーカーの営業職を希望していますから、半導体メーカーの営業職として実績を積んできたようすが一読してイメージできるようにまとめられています。また、太陽電池用半導体の取引経験もアピールしています。

会社都合と自己都合

退社の理由は、会社都合（倒産、リストラなど）と自己都合に分けられますが、自己都合の場合は「一身上の都合により退社」と記入します。退職理由を書く欄がない場合は、ここに退社の理由を添えてもよいでしょう。

倒産の場合は、そのまま記入してかまいませんが、「リストラ」はネガティブな表現なので、「早期退職者優遇制度に応募し退社」とします。

正社員歴がなくてもアピールできる

アルバイト・パート経験しかないとしても、働いていたのですから、当然スキルは身についています。「コンビニ店バイト」だけでなく、「レジ管理」「商品陳列」「商品発注」など仕事の内容を具体的に書きましょう。

たとえば「バイトの遅刻が目立ち、交替時間になっても帰れないパートさんから不満がでたため、5分前入店を発案しバイト仲間を説得した」のようなエピソードでもアピールできます。

与えられた仕事をこなしただけではなく、自分で考え貢献した体験があることをアピールできれば、正社員の経歴がなくても、採用担当者の興味をひくでしょう。

実績を整理してアピール

太陽電池メーカーの営業職希望

例51

学歴の後に続けて書く。

職種、役職は必ず入れる。
業務内容を簡潔に入れる。

年	月	学歴・職歴
平成18年	3	学智大学史学部東洋史学科卒業
		職　歴
平成18年	6	株式会社GAON川崎工場にてアルバイト
		パソコン組立てラインに従事
平成19年	4	株式会社未来電子入社
		営業部に配属。メーカー向け半導体部品を担当
平成20年	10	ゲーム機用半導体部門立ち上げのスタッフになる
平成22年	4	主任に昇格
平成23年	4	株式会社ビッグエレクトロニクス移籍
		ゲーム機用半導体部門が同社に買収されたため営業
		部に配属。ゲーム機用半導体部品の営業を担当
平成24年	10	大阪支社営業部に異動
		太陽電池用半導体などを担当
平成26年	4	本社に復帰 消費者対策室係長に昇格
令和3年	3	一身上の都合により退社

ブランクが空くよりは、パート・アルバイト歴を
入れたほうがよい。

退社理由は自己都合の場合「一身上の都合により」が一般的。

志望会社、希望職種にアピールできる経験を盛り込む。

昇進は大きなアピールポイント。

POINT 6 免許・資格欄で即戦力であることをアピール

アピール度の高い資格から並べる

資格をたくさん持っている人は、採用担当者へのアピール度が高いものから順番に並べましょう。希望職種に役立つ資格、あるいは難易度の高い資格を上位にもっていきます。そして、仕事に直接関係のない趣味性の高いものも最後にぜひ記入しましょう。あなたの視野の広さをアピールできます。

こんな工夫ができる

資格がない人は、それなりに工夫できないか考えてみましょう。

たとえば、社内で行われている商品知識テストや技能検定のようなものでも、希望職種に役立つのであれば記入できます。「社内商品知識試験合格」「社内システム設計技能検定2級合格」のように書き、内容がわかりにくいものであれば、試験の内容を簡単に説明します。

かといって何でもかんでも欄を埋めればよいというものでもありません。レベルの範囲が広い試験では、あまり低いレベルを書くと幼稚な印象を与えます。たとえば、実用英語技能検定ならば2級以上から記載するのが一般的です。

取得をめざして勉強中であることをアピールすることもできます。その場合、受験予定日、目標レベルなどを具体的に書くことが大事。さらに、その資格が、志望企業で役に立つことが重要です。

資格はなくても他の欄で挽回できる

重要なのはあきらめないことです。資格がないのであれば、「これからとろう」、あるいは「職歴欄など他の欄でのアピールをもっと工夫しよう」と、いつでも前向きな姿勢で、自分のキャリアを見直し志望企業に合ったアピールポイントを固め、履歴書記入に取り組む。その熱意が、採用される履歴書をうみだします。

アピール度の高い資格から書く

不採用　アピール度が低い書き方（志望企業：流通業）

例52

トップは、志望企業、希望職種に最もアピールできる資格にする。

年	月	免許・資格・専門教育
平成17年	12	京都検定3級合格
平成25年	4	販売士1級合格
平成22年	4	販売士2級合格
平成16年	3	自動車普通免許合格
平成14年	12	実用英語技能検定準1級合格

その他特記すべき事項

正式名を記入。免許が交付されるものは「取得」。合格証·認定証が交付されるものはそれぞれ「合格」·「認定」となる。

同じ資格は最も高いレベルのみ記入する。

難易度の高い資格はアピール度も高いので上欄に。

採用　こうアピールする（志望企業：流通業）

例53

趣味性の高い資格でも、採用担当者の興味をひくかもしれないので記入する。

年	月	免許・資格・専門教育
平成25年	4	販売士1級合格
平成14年	12	実用英語技能検定準1級合格
平成22年	3	普通自動車第一種運転免許取得
平成18年	12	京都検定3級合格

その他特記すべき事項

現在、来年のTOIEC受験をめざし勉強中です。
800点を目標にしています。

受験予定の資格は、受験日や目標レベルを具体的に記入し、前向きな姿勢をアピールする。

POINT 7 退職理由は前向きな転職を証明する

前社への不満は書かない

自己都合退職の場合、だれでも多かれ少なかれ前社に不満を感じているはずです。だからと言って、「退職理由」欄にそれを書いてはいけません。どんなに客観的に書いても愚痴は愚痴。ネガティブな印象を与えます。「うちでも同じ不満を持つはず」と面接官に見抜かれてしまいます。

ポジティブな「退職理由」を書くために

転職を決意したのですから視点を未来に向けましょう。そして「退職理由」欄は、「①新しい会社で何をやりたいのか」、「②それを可能とする実績やスキルを今までどう磨いてきたのか」の2点を中心にまとめます。

ここがきちんとまとめられると、「志望動機」欄もすらすら書けます。「退職理由」が書きにくいようでしたら、先に「志望動機」をまとめてみるのも一案です。

志望会社について調べ、「①自分がやりたいこと、貢献できること」、「②それを実現できる裏づけとなる実績」についてまとめるのが「志望動機」だからです。

つまり、「こういうことがやりたいので退職した」、「こういうことがやりたいので志望した」の「こういうこと」がかぶるように書けばネガティブな印象を与えない、未来を志向した「退職理由」となります。

事実をそのまま書いたほうがよい場合

「退職理由」が、会社都合であったり、親の面倒をみるためのUターンなど家庭の事情である場合は、そのまま書きましょう。

「退職理由」欄がない履歴書の場合は、「職歴」欄の最後、退職と書いたあとに「早期退職者優遇制度に応募」、「帰郷し親と同居するため」など簡単に理由を添えます。

未来を見つめるポジティブ表現で

例55　ポジティブ表現　採用

情報処理技術者試験（基本情報技術者）に合格したことで、さらにレベルアップし将来的にはマネジメントができるSEをめざしたいと考え、そのような尊敬できるSEが活躍している会社で働きたいと転職を決意しました。

例54　会社に不満　不採用

部の雰囲気が暗く次々と同僚が休職、退職していきました。私は資格をとってから辞めようと考え、残業が多い中大変でしたが、情報処理技術者試験（基本情報技術者）に合格。転職を決めました。

例57　ポジティブ表現　採用

営業ひとすじでやってきた中で、特に健康器具を担当したときには、課でトップの成績をおさめました。世の中のみなさまに喜んでいただだける健康分野の企業で働きたいと転職を決意しました。

例56　異動が不満　不採用

入社以来、営業2課、そして営業1課と営業ひとすじで、平成29年には課でトップの成績をおさめました。しかし、令和2年の12月に法務部への異動を命じられ、法律の知識がまったくない私には驚きで、転職を決意しました。

例59　ポジティブ表現　採用

1年間営業職に従事する中で、販促、PRの仕事を手伝うことが多く、やりがいを感じました。将来を考え、販促やPRの分野の会社でキャリアを積みたいと転職を決意しました。1年間営業の現場にいたことが、クライアントの視点を理解する助けになると思います。

例58　夢をさがして　不採用

学生時代から広報の仕事をしたいと強く希望しておりましたが、配属されたのは営業職でした。1年が過ぎ、やはり広報の分野で自分のキャリアを磨いていきたいと考え、転職を決めました。

POINT 8 志望動機は実績を踏まえて具体的に書く

条件のよさを志望動機としない

ある会社を志望する場合、「給料がいいから」「福利厚生がしっかりしている」など待遇面のよさに惹かれることは当然です。しかしこれは応募者のだれもがそう思っているわけで、だから応募者も多く、その中で勝つためには、「給料が高いから」など工夫のないことを書いてはだめです。

志望会社の求める人材を把握する

まず、インターネットを活用し志望会社をよく調べましょう。さらに業界の動向などを調べ、志望会社が望む人材を把握します。そして、「自分がこの会社で何をやりたいのか」、「どのように貢献できるのか」を考えます。これが「志望動機」です。会社が求める人材と、自分の希望がかけはなれたものにならないように表現に注意しましょう。

自分の実績を掘り下げて動機の裏づけにする

さらに、重要なのは、「自分は今までこういう経験を積み、スキルがある、貴社でこういうことができる」と裏づけをすることです。

転職者の場合は、今までの仕事の中に必ず宝があります。たとえ資格や役職といった書類的な実績がなくても、人脈であったり、プロジェクトの参加体験であったり、会議の書類を一晩で用意したりとさまざまな体験を積んでいます。それを掘り出して、「志望会社では、こう貢献できる」と工夫して書けばよいのです。

①志望会社のことをよく調べる

↓

②過去の自分の仕事をじっくりと掘り下げて、志望会社にアピールできる点を見つける

↓

③アピール点を志望会社に合わせて表現する

この3つで、だれでもすばらしい「志望動機」が書けます。

他人と同じ言葉では採用されない

例60 実績をアピール

採用

持ち帰り弁当店の店長を3年務め、売り上げ（日商15万円程度）、在庫、従業員（のべ30人）など総合的な管理能力を身につけました。食材の知識もあり、貴社でスーパーバイザーとして能力を発揮し貢献でると考え応募しました。

例61 経験をアピール

採用

学生時代から配達のアルバイトに従事し会社員を経て、倉庫への納品も、戸別配達も経験してきました。様々なタイプのドライバーとも仕事をし、チームワークの作り方も経験を積んできました。物流部門を拡大する貴社に貢献できると考え応募しました。

例62 未経験職種希望

採用

ハローワークの職業訓練コース「住宅建築科」で半年間、訓練を修めました。前職は一般事務職でしたが、工務店でしたので、建築現場の雰囲気は理解しております。一生の仕事と決め、一生懸命取り組む所存です。よろしくお願いいたします。

例63 パート・アルバイトから正社員を希望

採用

展示場や百貨店、スーパーなどでの派遣販売員として3年従事いたしました。週末等の短期派遣ではなく、週休二日の長期派遣で勤務形態は社員に近いものでした。販売職としてより研鑽を積み、キャリアをアップしたいと考え貴社に応募いたしました。

POINT 9 趣味・特技で幅広い人間性をアピール

「お酒」「ギャンブル」は避けたほうが無難

「空白が目立たないように」という履歴書作成の鉄則は、趣味・特技欄にもあてはまります。

趣味はたとえば「読書」だけでなく、どういうジャンルのどの作家が好きなのかまで書きましょう。

また特技は、「人とすぐに親しくなれる」、「歩くのが早い」など、日常的な事柄でもかまいません。「○○さんて~~ですね」と言われていることを思い出してみましょう。

注意したいのは「お酒」、「ギャンブル」。関連業界を目指すのでなければ、書かないほうが無難です。

例64 不採用

趣味

自転車

例65 採用

趣味

メタボリックシンドロームが気になり始めた5年ほど前から、自転車で通勤(片道約20km)しています。休日は子どもとサイクリングにでかけることもあります。

例66 不採用

特技

特になし

例67 採用

特技

どこでもすぐに眠ることができます。繁忙期に3日間、社のソファで眠ったこともあります。

POINT 10 健康状態は業務に支障がない限り「良好」

業務に支障が出る場合はフォローの言葉を添える

健康状態は空白が目立ってよい欄です。「良好」あるいは「きわめて良好」と記入します。

過去に大病の経験があったり、健康診断で注意項目があったとしても、業務に支障がなければ、「良好」と書きます。たとえ、1カ月前に退院したばかりでも回復していれば「良好」です。慢性胃炎で胃腸薬が手放せなくても、業務に支障がなければ「良好」です。

しかし、定期的な通院などが必要であるならば、業務に関わってきますから書かなければなりません。

採用されたいからと隠しても、あとあとトラブルになりますから、事実を書きましょう。そして、欠勤は必要だが、業務に支障は生じないことを説明しフォローします。

例68　問題のない場合　採用

健康状態

良好

例69　定期的な通院がある　採用

健康状態

通風の治療で1カ月に1回、半休をとって通院しております。しかし有給休暇をあて、残業対応もしておりますので、業務にはまったく支障はありません。

履歴書 部分解説

POINT 11 本人希望は納得されそうな範囲で書く

はっきり書いたほうがよい場合もある

基本的には、面接で相談する部分です。面接に進むことを第一に考え、「御社規定に準ずる」、「問いません」と記入するのがよいでしょう。

しかし、以下の場合は希望をはっきりと書きます。

①募集要項に職種が明記されている場合

「営業職」「事務職」など募集要項に職種が明記されているならば、希望職種を書かなければなりません。希望職種は問わず入社したいのであれば第二希望、第三希望まで書いてもよいでしょう。

②勤務地、勤務時間が限定される場合

親の介護が必要で、自宅から通える範囲の勤務地を希望する。あるいは、子どもの保育園が19時までなので、18時までの勤務時間を希望する、など譲歩できない事情がある場合は、書いておきましょう。

給与交渉は面接で

給与については、面接での交渉ということになりますが、考え方としては、「現在年収が４５０万円なので、年収５００万円を希望します」のように現在の実績を踏まえ希望額を提示したほうが説得力があります。

例70

採用

本人希望欄

志望職種：法人営業
希望給与：御社規定に従います
希望時間、勤務地：問いません

POINT 12 通信欄は連絡方法の希望などを書く

通信欄は最後のあいさつ

通信欄も空白はのぞましくありません。

連絡方法の希望がない場合でも、「ご連絡をお待ちしております」のひと言は記入しましょう。氏名・住所から始まった履歴書の最後であり、最後のあいさつの場ですから「特にナシ」ではそっけなさすぎます。

さらにアピールのダメ押しスペースであると考えて、いろいろ工夫することもできます。

「明日からでもすぐに働けます。よろしくお願いいたします」

「誠心誠意働きます。ご連絡お待ちしております」

「必ず、御社の役にたちます。ご連絡よろしくお願いいたします」

「朝6時から勤務できます。ご連絡お待ちしております」

「他の方の3倍は働く覚悟です。ご連絡お待ちしております」

「何時でもご連絡をお待ちしております」

通勤時間・扶養家族は事実をかく

「通勤時間」「扶養家族」欄は、事実をそのまま書きます。家が遠いから、家族が多いからという理由で不採用になることは、まずありません。

例71 **勤務しながら転職活動をしている場合** 採用

通信欄

ご連絡は、携帯電話か携帯メールにお願いいたします。面接には有給をとってうかがいますので、1週間ぐらいの猶予をいただけますようお願いいたします。

営業職

44歳
男性

中国ビジネスの実績と経験をアピール

例72

年	月	免許・資格・専門教育 ❷
平成30	4	中国語検定準1級合格
平成18～		上海でビジネス中国語講座に通う
平成11	8	普通自動車第一種免許取得

退職理由

中国で骨をうずめるつもりで現地企業で働いてきましたが、不況により倒産しました。しかし国全体を見れば、中国はまだまだ成長途上です。ぜひ、現地でのビジネスに再チャレンジしたいと願っています。

趣味・特技 ❸

趣味：卓球（上海市の市民大会でベスト16に入ったことがあります）
特技：ぎょうざ作り（中国人である義父に習った本格中国餃子です）

健康状態

良好

志望の動機

中国ビジネスでの営業職を募集ということで、私がつちかって参りました、人脈と経験をじゅうぶんに活かし貢献できると考え志望しました。

本人の希望

職種：中国関連部門の営業
給与：貴社規定に従います
勤務地：中国支社を希望します

通信欄 ❹

現在は、妻子とともに私の実家におります。長子が来年小学校ですが、できれば中国の学校に入れてやりたいと思っております。

通勤時間	
約　時間　分	
扶養家族数（配偶者を除く） 2 人	
配偶者 ※ (有)・無	配偶者の扶養義務 ※ (有)・無

ポイント

❶職歴
中国青果ビジネスでの実績を具体的に並べ、プロとして着々と経験を積んできたことを示した。人脈も重要なので、取引先、共同プロジェクトの提携先なども記入する。

❷資格
中国語が堪能であることをアピールする。就職活動をしながら、資格を取得しアピールポイントを強化した姿勢も評価されるだろう。

❸趣味・特技
中国社会に溶け込んでいることをア

採用

「職歴」に仕事の実績と取引き先の人脈の豊かさを記入することで、中国ビジネスのプロとして信頼できる人物像を浮びあがらせることができました。「趣味・特技」で中国社会に溶け込んでいるようすを伝えていることもプラスです。

履歴書　令和○○年○月○日現在

ふりがな　き　むら　とし　お
氏名　木村敏男　（印：木村）

昭和52年6月29日生（満44歳）　※男・女

ふりがな　やまなしけん　みなみあるぷすし　いでゆまち
現住所　〒XXX-XXXX
山梨県南アルプス市出湯町98XX番
電話　080-XXXX-XXXX

ふりがな
連絡先　〒　（現住所以外に連絡を希望する場合のみ記入）
メールアドレス　toshi0802@****.**.**　方
電話

年	月	学歴・職歴
		学歴
平成8	4	湯島ビジネス専門学校入学
平成12	3	湯島ビジネス専門学校卒業
		職歴 ❶
平成12	4	獅子商事株式会社(二部上場　従業員数当時約500名)
		入社
		OJTとして、食品部門、衣料部門、スポーツ用品部門などを
		経験する
平成13	10	食品部門に配属　輸入菓子の買い付け、卸を担当する
平成16	4	青果担当に異動
平成18	8	中国支社(上海)が創設され、異動。主任に昇格
		キャベツ(山東省)、たけのこ(福建省)などの買い付けを始める
平成20	6	まつたけ(雲南省)の買い付けに成功
平成27	1	江蘇省と帝都電器バイオ研究所との共同プロジェクト《イチゴ
		栽培開発事業》に参加。成功とともにイチゴの買い付けを始
		める。係長に昇格
令和3	10	一身上の都合により退社
		以上

ピールする。

❹通信欄
中国勤務が希望であることを、子どもの教育をからめて伝える。

営業職

32歳 男性

前職の実績とコミュニケーション力をアピール

例73

年	月	免許・資格・専門教育
令和3	1	TOEIC公開テスト　スコア731点
平成21	9	普通自動車第一種免許取得

スキル

人柄

退職理由 ❸ 前職では、ブランド品の輸出入から小売まで、さまざまな経験を積ませていただきましたが、社がスリム化を図ることになり、ブランド品ビジネスマンとしてさらにキャリアアップを目指して退職を決意しました。	趣味・特技 ❹ 趣味:ジャズピアノ（5年ほど習っていますが、海外顧客の接待で披露すると喜ばれます） 特技:キーマカレー作り（とても美味しいと妻や友人から言われております） 健康状態 良好
志望の動機 世界的にブランドビジネスを手がけ、近年特に日本での実績を上げている貴社で、私のブランド品ビジネスのスキルが貢献できると考え志望しました。	本人の希望 職種:第一希望 営業部門 　　　第二希望 貿易部門 給与:貴社規定に従います。 勤務地:貴社配属に従います。

やる気

通信欄	通勤時間
ご連絡をお待ちしております。	約　時間　分
	扶養家族数（配偶者を除く）　1 人
	配偶者 ※ ㊒・無　／　配偶者の扶養義務 ※ ㊒・無

ポイント

❶学歴
職歴のスペースを大きくとるため、最終学歴のみを記入。30歳を超えた転職者は、職歴でアピールするのが一般的。

❷職歴
入社退社の事実は必ず書かなければならない。それ以外は、志望会社・職種にアピールできる実績をピックアップしよう。

例では、ブランドメーカーの日本法人を志望している。

また、採用担当者がイメージしにくい会社は規模を記入するとよい。

採用

職歴では、仕事の内容や取引先を簡潔に列挙したことで、ブランド品ビジネスマンとしてスキルアップしてきたようすが、よくわかります。さらにソフトな趣味・特技を加えることで、幅広い人間性を感じさせます。

履歴書　令和◯◯年◯月◯日現在

ふりがな　いの　うえ　きよ　はる
氏名　井上清晴　（印：井上）

平成元年4月26日生（満32歳）　※男・女

ふりがな　ちばけん　いちかわし　ちゅうおうちょう
現住所　〒XXX-XXXX
千葉県市川市中央町2丁目X番XX号 江戸川ハイツ608号
電話　090-XXXX-XXXX

ふりがな
連絡先　〒　（現住所以外に連絡を希望する場合のみ記入）
メールアドレス　kiyo0426@****.**.**　方
電話

年	月	学歴・職歴
		学　歴 ❶
平成20	4	大江戸大学国際文化学部入学
平成24	3	大江戸大学国際文化学部卒業
		職　歴 ❷
平成24	4	株式会社山一建物入社（従業員数170人 売上高200億円）
		営業2課に配属 首都圏の主に地主様を対象に、マン
		ション経営など土地活用のコンサルティング営業を行う
平成27	3	一身上の都合により退社
平成27	5	ナビインポート株式会社入社（従業員数450人 売上高500億円）
		輸入ブランド品の法人営業に従事
		花丸百貨店、青空百貨店、高井百貨店などと取引を行う
平成27	10	高級時計ホメガの販売員として、ベター電器有楽町店に出向
		小売のノウハウを学ぶ
平成28	10	本社に復帰 時計部門係長に昇格
		アメリカスター社との取引開始にあたり責任者となる
平成29	12	S社高級時計ザ・ウルシの輸出責任者となる
令和2	12	早期退職者優遇制度に応募し退社
		以上

実績

❸退職理由
前社の愚痴めいた表現にならないように注意。

❹趣味・特技
志望会社は女性顧客が多いので、フェミニンな雰囲気が出せるカレー作りを特技にあげた。もちろんウソではだめ。

営業職

28歳
女性

営業企画の実績をアピール

例74

年	月	免許・資格・専門教育
平成31	2	カラーコーディネーター2級合格
平成25	7	実用英語技能検定準1級合格

退職理由 ❸

販促プランナーとして、さまざまなクライアントを担当してきましたが、メーカーからは高い評価をいただくことが多く、この分野でさらにキャリアを積んでいきたいと考え退職を決意しました。

趣味・特技 ❹

趣味:アミグルミ(毛糸でぬいぐるみを編みます。最近は増えすぎたので、職場の人にあげています)
特技:オバマ大統領の物まね(英語でまねします。ヒラリー・クリントンもできます)

健康状態

良好

志望の動機

メーカーの販促で高い実績をあげ、尊敬するプランナーの多い貴社であれば、自分の実績を活かし、さらに成長させていただくことで、貢献できると考えました。

本人の希望

職種:販促プランナー
給与:貴社規定に従います。

通信欄

まだまだ未熟ですが、一流のプランナーをめざしてがんばります。よろしくお願いいたします。

通勤時間	
約　時間 45 分	
扶養家族数（配偶者を除く）	
0 人	
配偶者	配偶者の扶養義務
※ 有・(無)	※ 有・無

ポイント

❶学歴
大学留年を記入する必要はないが、面接で理由を聞かれる可能性が高いので、回答を考えておいたほうがいい。

❷職歴
プランナー志望なので、企画が採用された実績を入れる。まだ若く実績が少ない場合は、現場で経験を積んできたようすを書く。

❸退職理由
自己都合退社の場合、退職理由は志望理由と重なるようにすると、前向きなものになる。

採用

企画者としての実績はまだ少ないですが、見習い時代に経験した大きなプロジェクト、また新人として仕事を覚えた地道な仕事を簡潔に並べたことで、確実に力をつけてきていることがうかがえます。将来性が感じられる履歴書です。

履　歴　書　　令和○○年○月○日現在

ふりがな　かみ　や　のぞみ		
氏名　神谷希美	（印）神谷	
平成5年6月10日生（満28歳）	※男・女（女）	

ふりがな　かながわけん　かわさきし　かわさきく　おかちょう	電話
現住所　〒XXX-XXXX 神奈川県川崎市川崎区丘町5丁目X番XX号 メゾンホープ1128号	090-XXXX-XXXX
ふりがな	電話
連絡先　〒　（現住所以外に連絡を希望する場合のみ記入） メールアドレス　hopek@****.**.**　方	

年	月	学歴・職歴
		学　歴 ❶
平成20	4	丘学園高等学校入学
平成23	3	丘学園高等学校卒業
平成23	4	花園光女子大学文学部英文科入学
平成27	3	花園光女子大学文学部英文科卒業
		職　歴 ❷
平成27	6	株式会社GOGOプランニング入社
		先輩について仕事のノウハウを学ぶ
		○○自動車ショールームイベント企画運営
		福島県××市まちおこしプロジェクト
		携帯電話▲▲販促キャンペーン企画
平成28	12	スーパーまるちゃんの販促担当となる
		ポッピング、チラシの手配など
平成29	8	学習塾誠学クラブの販促担当となる
令和2	2	健康器具のび〜るに販促企画が採用される
		女性下着ぴったりんに販促企画が採用される
令和3	10	現在に至る
		以上

実績

❹趣味・特技
志望業界によっては、物まねのようなユニークな特技も好まれる。必ず面接で、実演を求められるので、うそは書かないこと。

技術職
48歳
男性

機械設計の専門性をアピール

例75

年	月	免許・資格・専門教育 ❸
平成12	5	社内CAD研修に参加
		その後、たびたびの社内研修と業務を通じて、2Dおよび
		3D-CAD操作に堪能
平成3	10	普通自動車第一種免許取得

退職理由 ❹	趣味・特技
入社3年目に設計部門に移動してから、25年余り、ベアリング設計開発ひと筋でした。管理職に抜擢してくれた会社には感謝しておりますが、まだまだ設計開発の現場でがんばりたいと退社を決意しました。素晴らしいベアリングを設計することが前社への恩返しになると考えております。	趣味:サッカー(高校時代サッカー部だったので会社のチームに参加しておりましたが、最近は高齢者中心の同好会で汗を流しています) 特技:ドラフターが使える 健康状態 良好
志望の動機	本人の希望
樹脂ベアリングや電池自動車モーターのベアリングに力を注いでいる貴社であれば、私の経験とスキルを十二分に発揮し、貢献できると確信し応募いたしました。	職種:設計開発(これまでの経験が活かせるため) 給与:貴社規定に従います。 勤務地:貴社配属に従います。

通信欄	通勤時間
ご連絡をお待ちいたしております。	約 1 時間 15 分
	扶養家族数(配偶者を除く) 2 人
	配偶者 ※ (有)・無
	配偶者の扶養義務 ※ (有)・無

ポイント

❶学歴
豊富な実務経験のアピールにスペースをさくため、学歴は最終学歴のみを記入。

❷職歴
長年の設計実績の中から、志望会社が求めている分野と大きな案件を抜き出してまとめる。

❸専門教育
募集要項に、「CAD操作できる方」という指定があったので、それをアピールする。

❹退職理由
前社に感謝し、恩返しをしたいという表

採用

長年の実績を、①志望企業が求める分野、②大きな案件、の2点に絞って過不足なくまとめました。業務を熟知した人の言葉で、長年のキャリアがプラスであるとアピールした「志望動機」も説得力があります。

履 歴 書　　令和○○年○月○日現在

ふりがな　さかた　ひろし
氏名　**坂田 博**　（印：坂田）

昭和48年2月11日生（満48歳）　※男・女（男に○）

ふりがな　さいたまけん　きたもとし　ほりのうち
現住所　〒XXX-XXXX
埼玉県北本市堀ノ内1丁目X番X号
電話　048(XXX)XXXX

ふりがな
連絡先　〒　（現住所以外に連絡を希望する場合のみ記入）
携帯電話 080-XXXX-XXXX　メールアドレス hiroshi123@****.**.**　方
電話

年	月	学歴・職歴
		学 歴 ❶
昭和63年	4	埼玉県立中山道工業高校入学
平成3年	3	埼玉県立中山道工業高校卒業
		職 歴 ❷
平成3年	4	中山道ベアリング株式会社(現中山道エンジニアリング株式
		会社)入社
		製造ラインに配属
平成6年	6	社の設計研修(1ケ月)に参加後、設計サービス部門に配属
平成12年	10	スイス***社向けの設計チームに加わる
平成15年	4	主任に昇格
		△商事のアブダビ国石油プラントにベアリング担当として参加
平成18年	10	□□建設の東海空港建設にベアリング担当として参加
平成24年	10	係長に昇格
平成25年	4	樹脂ベアリング技術を学ぶために、アメリカ△□社に出向
平成27年	3	社に復帰
		電気モーター向けベアリングの開発設計チームに入る
平成30年	11	工場生産管理部門課長に昇格
令和2年	12	一身上の都合により退社　以上

実績

現で、前向きな退社理由となった。

技術職

34歳
女性

情報処理技術者としての資格と実績をアピール

例76

年	月	免許・資格・専門教育
平成19	11	第二種情報処理技術者試験合格
		現在、4月18日の応用情報技術者試験（AP）受験に向け
		て勉強中です。

退職理由	趣味・特技
第1子出産のため退職しました。現在、2人の子ども（5歳、3歳）がおります。	趣味：フットサル（ママ仲間と女性チームを作って試合に出場しています） 特技：集中力がある（子どもが寝静まった深夜・早朝に仕事をすると、集中力が向上しました）

志望の動機 ❷	健康状態
2年前より在宅でプログラミングの仕事を再開し、ブランクを取り戻しておりましたが、離婚が成立したのを機会に現場復帰を決意いたしました。銀行のシステム業務を行う現場で経験を積みましたので、金融システムに強い貴社に貢献できると考え志望いたしました。	良好 本人の希望 職種：プログラマー、SE 給与：貴社規定に従います。

通信欄 ❸	
両親と同居しておりますので、帰宅が遅くなっても、子どもの世話は問題ありません。	通勤時間　約 1 時間 15 分 扶養家族数（配偶者を除く）　2 人 配偶者　※ 有・無（無に○） 配偶者の扶養義務　※ 有・無

ポイント

❶職歴
6年のブランクがあるが、在宅で仕事をしていたことをアピールし、即戦力になることを示した。

❷志望の動機
2人の子どもの扶養義務を申請するために、離婚は隠せない。しかし、離婚については事実をサラリと書き、さらに仕事に全力投球する覚悟を真剣に語ることで、前向きな印象を与えることができる。

❸通信欄
保育施設がない企業を志望する場合は、いざというときに子

採用

結婚などで退社した人が復帰をめざす場合、ブランクがネックになりますが、在宅勤務を行っていたこと、上級資格取得に向けて勉強中であることなどをアピールすることで、「即戦力として使える」と思わせることができます。

履歴書　　令和○○年○月○日現在

ふりがな　たなべ　かおり 氏名　田辺香織　（印：田辺）	
昭和62年11月14日生（満34歳）	※男・女（女に○）
ふりがな　とうきょうと　ふっさし　ちゅうおう 現住所　〒XXX-XXXX 東京都福生市中央X番地X号	電話 090-XXXX-XXXX
ふりがな 連絡先　〒　（現住所以外に連絡を希望する場合のみ記入） メールアドレス　parfum14@****.**.**　方	電話

年	月	学歴・職歴
		学　歴
平成12	3	福生市立中央小学校卒業
平成15	3	福生市立中央中学校卒業
平成15	4	都立南北高等学校入学 パソコンクラブに入部
平成18	3	都立南北高等学校卒業
平成18	4	豊電短期大学情報システム学部情報システム学科入学
平成20	3	豊電短期大学情報システム学部情報システム学科卒業
		職　歴 ❶
平成20	4	南北情報システム株式会社入社
		(南北信託銀行のシステム業務を行う会社)
		研修(3ケ月)の後、経営分析システムチームにプログラマーと
		して配属
平成21	4	業務システム部に異動
平成23	10	決裁システム部に異動
平成25	10	チーフプログラマーに昇格
平成27	12	出産のため退職
平成29	4	在宅プログラマーとして仕事を始める
		××リース、△△スーパーなどのシステムを手がける　　以上

どもの世話を頼める人がいることをアピール。

販売・サービス 56歳 男性

ホテルマン一筋35年の実績をアピール

例77

年	月	免許・資格・専門教育 ❸
		英語は業務に支障がない程度に話せます。
平成2	9	普通自動車第一種免許取得

スキル

やる気

人柄

退職理由 ❹

前社が大幅なリストラを行う中で、不本意ながら多くの同胞部下に去ってもらうことになりました。リストラが一段落したところで、私もホテルマンの原点に戻って出直したいと退職を決意いたしました。

趣味・特技

趣味:和太鼓(妻が江戸和太鼓の継承者の血筋で、私も祭りなどで披露することもあります)

特技:トランプマジック(ベルボーイだった頃、マジシャンのお客様に手ほどきをうけ、やみつきになりました)

健康状態

良好

志望の動機

適正規模を守り、伝統を継承しつつ、お客様に最高のホスピタリティを提供している貴社で、もう一度ホテルマンの原点に返って仕事がしたいと願い志望いたしました。

本人の希望

職種:現場でお客様と接する職種を希望いたします。

給与:貴社規定に従います。

通信欄

お手数ですが、ご連絡は携帯電話にお願いいたします。

通勤時間	
約　時間　分	
扶養家族数(配偶者を除く)	1 人
配偶者 ※ (有)・無	配偶者の扶養義務 ※ (有)・無

ポイント

❶学歴
職歴にスペースをさくため、最終学歴のみ記入。

❷職歴
異動、昇格などの記録と、手がけた大きな案件、留学体験などを記入することで、30余年のキャリアアップのようすを簡潔にまとめた。

❸免許・資格・専門教育
資格がなくても、英語に堪能であることをアピールする。

❹退職理由
ホテルマンとしての原点に戻りたいと

採用

管理職であった人が、前職なみのポストを希望すると再就職は難しくなります。例のように現場を希望したり、あるいはポストは問わないという柔軟な姿勢を見せることで採用へ近づくことができます。

履歴書　令和◯◯年◯月◯日現在

ふりがな　の　むら　こう　ぞう
氏名　**野村幸三**　（印：野村）

昭和40年 9月 22日生（満 56歳）　※男・女（男に○）

ふりがな　ちばけん　うらやすし　まいはま
現住所　〒XXX-XXXX
千葉県浦安市舞浜7丁目XX番地X号 ドリームランド1128号室
電話　047(XXX)XXXX

ふりがな
連絡先　〒　（現住所以外に連絡を希望する場合のみ記入）
090-XXXX-XXXX　メールアドレス koz-nomura@****.**.**　方
電話

年	月	学歴・職歴
		学　歴 ❶
昭和59年	4	東西大学商学部経営学科夜間部入学
平成元年	3	東西大学商学部経営学科夜間部卒業
		職　歴 ❷
平成元年	4	学生時代よりアルバイトをしていた山頂ホテル株式会社に入社
		宿泊部門（ベルボーイ、客室係、フロント）に従事
平成6年	9	バンケット部門に異動　運営業務から入り後に営業職
平成11年	11	サブチーフとしてフロントに戻る
平成12年	3	山頂ホテルがアメリカRホテルと資本提携。
		ニューヨークRホテルに研修留学生として派遣される。国際的
		に一流とされるホテルのサービス、マネージメントなどを学ぶ。
平成13年	4	山頂ホテルに復帰 フロントチーフに昇格
平成17年	8	宿泊部門マネージャーに昇格
平成20年	6	飲料部門（レストラン、バー）のマネージャーに異動
平成23年	8	B国国王ご夫妻ご宿泊の責任者を務める
平成26年	10	国際詩人会議会場ホテルとなり、責任者を務める
平成30年	4	宿泊部門支配人に昇格
令和3年	2	一身上の都合により退社　　以上

実績

いう「退職理由」は、「志望の動機」「希望の職種」へとつながっていく。

販売・サービス 22歳 女性

書店でのアルバイト経験をアピール

例78

年	月	免許・資格・専門教育
令和元	9	マイクロソフト オフィス スペシャリスト
		ワードスペシャリスト、エクセルスペシャリスト合格
令和2	8	普通自動車第一種免許取得

スキル

人柄

退職理由 ❸
学校時代からアミューズメント施設で働きたいと希望しておりました。新卒就職では希望が叶いませんでしたが、接客業のアルバイトをしながら、チャンスを待っておりました。今回貴社の募集を知り、退職を決意いたしました。

趣味・特技 ❹
趣味:動物園めぐり(ブログで発信しています。http://***.blog.***)
特技:声が大きい(駅ビル祭りでは呼び込み役にスカウトされました)

健康状態
良好

志望の動機
昨年、貴社運営のワイワイランドへ行き、子どもやお年寄りの目線で運営されるサービスに感動しました。ぜひこの場で働きたいと思いました。

本人の希望
職種:貴社配属に従います。
給与:貴社規定に従います。

やる気

通信欄
最初はアルバイトでもかまいません。ぜひ働かせてください。

通勤時間	
約 時間 50 分	
扶養家族数(配偶者を除く)	
0 人	
配偶者	配偶者の扶養義務
※ 有・(無)	※ 有・(無)

ポイント

❶学歴
希望の企業に合った、学科・アルバイトのエピソードを記入する。

❷職歴
アルバイトの中で身につけたスキルをひとつひとつ具体的に記入する。毎日フルタイムで働いていることもアピール。

❸退職理由
アルバイトから正社員を目指すことは、前向きな理由なので、正直にそのまま書けばよい。

❹趣味・特技
趣味のブログを発

採用

新卒での就職がうまくいかなかった後、アルバイトとして意欲的に経験を積んでいるようすが、わかります。年齢的には大卒新卒者と同じですから、経験の少なさはあまり気にせず、希望や意欲を前面に押し出せばよいでしょう。

履歴書 令和◯◯年◯月◯日現在

ふりがな	ひら　やま　りん　こ
氏名	平山凛子　（平山）
平成11年7月21日生（満22歳）	※男・女（女）
ふりがな	しずおかけん　しずおかし　くろひげまち
現住所 〒XXX-XXXX	静岡県静岡市黒髭町2丁目X番X号
電話	090-XXXX-XXXX
ふりがな	
連絡先 〒 （現住所以外に連絡を希望する場合のみ記入）	メールアドレス　rinrin7@****.**.**　方
電話	

年	月	学歴・職歴
		学　歴 ❶
平成24	3	静岡市立黒髭小学校卒業
平成27	3	静岡市立黒髭中学校卒業
平成27	4	茶山学園高等学校入学
平成30	3	茶山学園高等学校卒業
平成30	4	駿河ビジネス専門学校入学
		アミューズメントビジネス講座をとり、全国の施設を比較研究
		しました。
		地元の遊園地でアルバイトしました。
令和2	3	駿河ビジネス専門学校卒業
		職　歴 ❷
令和2	9	黒髭堂書店駅ナカ店でアルバイトを始める(週3日、1日4時
		間)
令和3	1	この頃から、棚に本を陳列したり、返本したりの作業を手伝うよう
		になりました。(勤務時間が週5日、1日7時間にのびる)
令和3	7	レジ締めをまかされるようになりました。
令和3	10	現在に至る
		以上

信している場合は、そのアドレスも記入しよう。

事務職
40歳
男性

人事のプロとして経験をアピール

例79

年	月	免許・資格・専門教育
平成30	7	スキューバダイビングCカード取得
平成15	10	普通自動車第一種免許取得

やる気

人柄

退職理由

30歳で人事部に異動してから10年間、人事ひと筋に経験を積んでまいりました。人事の仕事を体系づけたいと考え大学院で研究をすすめ、平成28年修士号を取得しました。40歳という社会人の折り返し地点を迎え、後半戦は人事の専門職としてスキルを高めたいと考え退社しました。

趣味・特技

趣味:スキューバダイビング(妻の実家が高知県にあり、夏は家族そろって「うるぐ島」で潜るのを楽しみにしております)
特技:めったに怒りません(若い頃は人並みでしたが)

健康状態

良好

志望の動機 ❸

所長の****氏は、研修での講演をお願いしたことがあり、人材育成のプロとして尊敬しております。**氏の下でぜひ研鑽を積みたいと志望いたしました。

本人の希望

給与:貴社規定に従います。

通信欄

ご連絡をお待ちしております。

通勤時間	
約 1 時間 分	
扶養家族数（配偶者を除く）	
2 人	
配偶者	配偶者の扶養義務
※ (有)・無	※ (有)・無

ポイント

❶学歴
社会人になってから最終学歴がある場合は、就職前の学歴から記入したほうが、わかりやすい。

❷職歴
人事は実績がわかりにくい部署なので、仕事の内容を具体的にあげ、キャリアアップしてきたようすをまとめる。

❸志望動機
志望企業（この場合はコンサルタント会社）のトップと面識があることはアピールポイント。
また、企業経験も大きなアピールになる。

採用

人事のプロとして、企業現場での実践と大学院での理論との、2輪をバランスよく磨いてきたキャリアが採用担当者に評価されるでしょう。さらに趣味・特技で幅広い人間性をアピールしています。

履歴書 令和◯◯年 ◯月 ◯日現在

ふりがな むら おか りゅう いち
氏名 村岡隆一 （印：村岡）

昭和56年 10月 29日生（満 40歳） ※(男)・女

ふりがな さいたまけん かわぐちし ちゅうおうどおり
現住所 〒XXX-XXXX
埼玉県川口市中央通7丁目X番XX号 リバーサイド中央1130号室
電話 048(XXX)XXXX

ふりがな
連絡先 〒 （現住所以外に連絡を希望する場合のみ記入）
携帯電話 080-XXXX-XXXX メールアドレス ryuno1@****.**.** 方
電話

年	月	学歴・職歴
		学 歴 ❶
平成16	3	関西天地大学人文学部社会学科卒業
平成30	10	南北大学ビジネス大学院に社会人入学
令和3	9	南北大学ビジネス大学院終了
		修士論文「人事活動と企業の成長」
		職 歴 ❷
平成16	4	帝都電機販売サービス株式会社入社
		研修を経て関東第一営業部に配属
平成23	4	人事部へ異動 新人の採用、教育を担当する
平成24	4	主任に昇格 21世紀キャリア制度導入プロジェクトに参加
		(幹部候補生早期育成、賃金年棒制など)
平成27	3	新卒社員の定着率(入社3年後)が5割を超える
		係長に昇格 中堅社員研修の見直しを行う
平成29	4	平成18年度からの留学生の正式採用が決定され、採用活
平成30	4	動に入る(18年度以降、毎年3名の採用実績)
令和元	10	新卒社員定着率が7割を超える
令和3	3	課長代理に昇格
		一身上の都合により退社 以上

スキル

実績

事務職

34歳
女性

2度の転職経験をプラス材料としてアピール

例80

年	月	免許・資格・専門教育 ❷
平成28	10	マイクロソフト オフィス エキスパートレベル(Word)合格
平成28	4	マイクロソフト オフィス エキスパートレベル(Excel)合格
平成18	9	普通自動車第一種免許取得

スキル

人柄

退職理由 ❸	趣味・特技
前社において、事務職正社員が廃止されることになり、余儀なく退社いたしました。営業事務職としての経験を活かして働きたいと希望しております。	趣味:韓国語(韓流ドラマに傾倒する母に付き合って習い始めました) 特技:フラワーアレンジメントができます。

志望の動機 ❹	健康状態 / 本人の希望
営業事務の業務は、ルーティンワークも多いのですが、パーフェクトが当たり前でミスは許されません。スキルを高める一方、意識してコミュニケーション力やメリハリをつけるバランス感覚などを身につけ、業務を遂行する総合力を養って参りました。	健康状態 良好 本人の希望 職種:営業事務職 給与:貴社規定に従います。

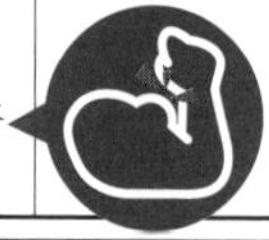

やる気

通信欄	通勤時間	
固定電話でなく携帯電話へのご連絡をお願いいたします。ご連絡をお待ちしております。	約 時間 40 分	
	扶養家族数(配偶者を除く) 1 人	
	配偶者 ※ 有・(無)	配偶者の扶養義務 ※ 有・無

ポイント

❶職歴 派遣社員から正社員に採用されたことは、会社に認められたということ。アピールしよう。また業務内容は「営業事務」とひとくくりにせず具体的に書く。

❷資格 仕事に役立つ資格から順に書いていくとアピールできやすい。

❸退職の理由 会社都合なので、事実を書けばよい。しかし、最後に自分の希望を述べ前向きな印象を与えるように工夫しよう。

採用

事務職はオリジナリティがだしにくいのですが、①資格を取得していること、②「志望の動機」でしっかりした仕事観を述べたこと、の2点から、仕事に真摯に取り組む姿勢がアピールできました。

履歴書　令和◯◯年　◯月　◯日現在

ふりがな　よしだ　さくらこ 氏名　**吉田桜子**　（印：吉田）		
昭和62年　8月　4日生（満34歳）	※ 男・女（女に○）	
ふりがな　ひろしまけん　ひろしまし　ひがしく　うまはたまち 現住所　〒XXX-XXXX 広島県広島市東区馬畑町3丁目XX番X号		電話 082(XXX)XXXX
ふりがな 連絡先　〒　（現住所以外に連絡を希望する場合のみ記入） 携帯電話 090-XXXX-XXXX　メールアドレス cherrypie@****.**.**　方		電話

年	月	学歴・職歴
		学　歴
平成17	3	室町女子学園高等学校卒業
平成17	4	太陽大学文学部比較文学科入学
平成21	3	太陽大学文学部比較文学科卒業
		職　歴　❶
平成21	4	凸凹商事株式会社入社
		一般事務職に従事
平成24	3	一身上の都合により退社
		(父の急死により広島へUターンしました)
平成24	5	派遣社員に登録し、グローバルケミカルコーポレーション広島
		支社へ営業事務職として派遣される
平成25	9	グルーバルケミカルコーポレーションの正社員となる
		引き続き営業事務職に従事
		各種伝票作成
		営業資料作成
		会議資料作成
		営業分析用データ入力および資料作成
令和3	3	事務職正社員廃止にともない退社　以上

❹志望の動機

仕事で大切なことを自分の経験から語り、またそれを努力して身につけてきたことをアピールすることで、仕事への真摯な態度を伝えることができる。

専門職

41歳 女性

介護職員としての資格と経験をアピール

例81

スキル

年	月	免許・資格・専門教育
平成15	3	社会福祉士国家試験合格
平成22	3	ケアマネージャー（介護支援専門員）実務研修受講試験
		を受け資格を取得
平成11	10	普通自動車一種免許取得
平成16	10	大型自動車免許取得

やる気

人柄

退職理由 ❸	趣味・特技
夫が北海道に骨をうずめる覚悟で職を得たため、私も同行し、同地で介護の仕事につくことを決意しました。夫は4月より札幌市で働き始めており、私と娘（5歳）は10月から札幌に転居します。	趣味:ゲーム（娘が今、着せ替えゲームに夢中なので一緒にプレイしています） 特技:マイクロバスが運転できます。
	健康状態 良好
志望の動機	**本人の希望**
△△園長先生の運営方針に共鳴したこと、以前勤めておりました養護老人ホーム「さわやか」と関係の深い園であること、の2点から志望いたしました。	職種:貴社配属に従います。 給与:貴社指定に従います。

通信欄 ❹	通勤時間	
現職は9月末で退職することになっております。	約　時間　分	
	扶養家族数（配偶者を除く） 0 人	
	配偶者 ※ (有)・無	配偶者の扶養義務 ※ 有・(無)

ポイント

❶学歴
職歴にスペースをさくため、最終学歴のみ記入。

❷職歴
介護職の世界は、2000年の介護保険制度施行後大きく変わった。施行前から施行後にわたる長い経験と、資格を取得しながらキャリアをアップさせてきたようすを、わかりやすくまとめている。

❸退職理由
自己都合であるが、夫の転勤に妻が同行することは慣例として理解されやすい。そのまま事実を書こう。

採用

国家試験有資格者であることに加えて、「退職理由」で現地に骨をうずめる覚悟をアピールし、「志望の理由」で園長の運営方針に賛同していることで、採用担当者にかなり好印象を与える履歴書となりました。

履歴書　　令和○○年○月○日現在

ふりがな　わた　なべ　ま　り　こ
氏名　**渡辺真理子**（渡辺）

昭和55年3月21日生（満41歳）　※男・（女）

ふりがな　さいたまけん　あさかし　たけばやし
現住所　〒XXX-XXXX
埼玉県朝霞市竹林3丁目X番X号 ミスティメゾン808号室
電話　080-XXXX-XXXX

ふりがな
連絡先　〒　（現住所以外に連絡を希望する場合のみ記入）
北海道での住所　北海道札幌市白石区桃水1条4丁目X号ピーチレジデンス607号室
メールアドレス　marimari@****.**.**　方
電話

年	月	学歴・職歴
		学歴 ❶
平成10	4	啓蒙短期大学人間学部福祉学科入学
平成12	3	啓蒙短期大学人間学部福祉学科卒業
		職歴 ❷
平成12	4	老人ホーム寿園に入社
平成15	9	一身上の都合により退社
		(社会福祉士国家試験に合格し、その資格を活かすため)
平成15	10	養護老人ホームさわやかに入社
平成23	3	一身上の都合により退社
平成23	4	**市社会福祉部の職員として採用される
		(市が介護職経験者を求人)
		介護福祉課に配属
		ケアマネージャー(介護支援専門員)の資格も取得し、お年寄
		りやご家族のニーズに沿ったケアを、介護スタッフが効率よく行
		えるシステム作りに携わる。民間施設の開設申請受理や運営
		指導などの業務も行う。
平成28	4	係長に昇格
令和3	10	現在に至る　以上

実績

同地で骨をうずめる覚悟であることをさりげなくアピール。

❹通信欄
現地に住み始める(つまり働き始めることができる)期日を明記する。

29歳 男性

カメラマンとしての取材能力をアピール

例82

年	月	免許・資格・専門教育
平成23	11	普通自動車第一種免許取得
令和2	12	国際免許(自動車)更新

退職理由 ❸

カメラマン3人で事務所を開設していましたが、各人それぞれの進む方向が変わってきたため、発展的解散をしました。私は報道の分野で写真を磨いていきたいと考えております。

趣味・特技

趣味:バイク(自分で組み立てもやります)
特技:日常会話程度のスワヒリ語が話せます。

健康状態

良好

志望の動機 ❹

報道雑誌で、数多くの報道カメラマンを輩出している貴社写真部で仕事がしたいと志望しました。編集者、ライターと組んでの仕事も何度も経験しています。

本人の希望

給与:貴社規定に従います。

やる気

通信欄

どうぞよろしくお願いします。

通勤時間　約　時間 50 分

扶養家族数(配偶者を除く)　0 人

配偶者　※ 有・(無)

配偶者の扶養義務　※ 有・無

ポイント

❶学歴
作品の良し悪しが問われる職業。学生時代に評価を受けた経験があれば、どんどん記入しよう。

❷職歴
作品集を添付し、実力をアピールする。また、現場の経験が豊富なこともアピールする。

❸退社の理由
会社の解散は、会社都合なので事実を書く。しかし前向きなイメージを与えるように工夫しよう。

❹志望の動機
現場では、様々なス

採用

カメラマンやデザイナーのような職業では、作品を添付するとよいでしょう。経験者の場合は、雑誌に掲載されたりポスターなどに使われた作品を、使われた状態でスキャンあるいはコピーすると説得力があります。

履歴書　令和○○年○月○日現在

ふりがな	おがたなおや	
氏名	小形直弥	（印）小形
平成4年12月14日生（満29歳）	※男・女	

ふりがな　とうきょうと　としまく　にしながさき	電話
現住所　〒XXX-XXXX 東京都豊島区西長崎5丁目X番XX号 旭アパート206号	090-XXXX-XXXX
ふりがな	電話
連絡先　〒　（現住所以外に連絡を希望する場合のみ記入） メールアドレス　capa-naoya-f1.4@****.**.**　方	

年	月	学歴・職歴
		学歴 ❶
平成23	3	秋田県立中央工業高校卒業
平成23	4	帝都写真専門学校入学
平成25	12	第31回翁伝兵衛新人賞受賞
平成26	3	帝都写真専門学校卒業
		職歴 ❷
平成26	4	赤城山鉄五郎写真事務所に入る
平成29	3	赤城山鉄五郎写真事務所を一身上の都合により退社
		アフリカ放浪の旅に出る
平成29	9	帰国 東京新宿の**フォトギャラリーにて写真展を開く
		『black smile,red earth』平成18年11月3日から13日
		― 作品集1添付
令和元	1	スタジオ オン ザ タイムのカメラマンとなる
		国内外の撮影を請け負う。
		月刊『市場』(***出版)・凸凹社宣伝ポスター(***代理店)
		週刊『話題』(***出版)等多数―作品集2添付
令和3	6	スタジオ オン ザ タイム解散
		以上

実績

タッフと組みながら、様々な写真を撮ることが要求される。希望は述べながらも、どんな仕事でもこなせることをアピールすることも大事だ。

転職のカギ

円満退社でスムーズ転職を

在職中に転職を決意したら、現在の会社を円満に退社する気配りが必要です。転職後もどんな世話になるかわからないので、在職する会社はもちろん、上司・同僚、そして得意先にも印象良く退社しましょう。

●退社の例

	良い例	悪い例
①会社に対して	・最後まできちんと仕事をこなす。 ・退職の手続きは遅れないようにする。 ・机やロッカーなどは整理整とんをして戻す。	・就職活動を優先し、仕事を放り投げる。 ・転職を公にして、会社の悪口などを口にする。 ・事前に連絡もせずに有給休暇を勝手にとる。
②上司・同僚に対して	・社内規約に従い、退職希望日を早めに上司に伝える。 ・直属の上司はもちろん、世話になった上司や同僚にも退職のあいさつをする。 ・引き継ぎをもれのないように行う。	・直属の上司ではなく、別の部署の上司に退職の意思を伝える。 ・同僚に会社や上司についての悪口を言う。 ・同僚に転職をすすめる。
③顧客に対して	・自分が退職しても迷惑がかからないように、後任の担当者との引き継ぎをきちんと行う。 ・小さな取引先でも訪問して退職のあいさつをする。	・退職後の仕事の斡旋を在職中に依頼する。 ・退職前に、仕事に関する重大な約束をしてしまう。 ・早くから後任者任せにする。

第3章

マイナスをプラスに変える履歴書の実例

派遣社員、アルバイト、長期離職者など正社員に採用される場合、ハンデとなる履歴をプラスの印象に変える書き方をアドバイス。

履歴書　自信のない人の書き方

経歴だけで採用は決まらない

立派なキャリアならすべてOK、ではない

就職を望む人だれもが、文句のつけようのない立派な経歴を持っているわけではありません。さまざまな事情で転職や退職をし、ブランクのある人も大勢います。その人たちが、それだけの理由で就職できないかというと、そんなことはありません。職場によっては、輝くばかりの経歴がかえって敬遠される場合もあります。

決め手は、会社にとって必要な人材であることを、どれだけアピールできるかです。就職がなかなか決まらない場合、履歴が不利というより、アピールの仕方がうまくないせいかもしれません。

コツは、一見不利な材料の中からもプラスの素材を見つけ出し、雇用側が思わず欲しくなるように、自分の良いところをうまく提示してみせることです。

マイナスをプラスに変える発想の転換

フリーターや派遣社員、アルバイトを続けてきた場合には、たとえ短くても自分のこれまでの経験から、会社が求める人材にふさわしい経験を見つけ出します。経験の多さも大事ですが、重要なのは経験から何を得たかです。

リストラにあったり、定年退職後や中高年の再就職の場合、年齢的には不利かもしれませんが、長い経験のなかから、アピールできるものをよりすぐりましょう。だらだらとした経歴の羅列は、会社側に対してほとんど効果なしです。

転職を繰り返してきた場合、そのつどの転職理由を書く必要はありませんが、「一身上の都合」ばかりでは不自然に思われます。介護に従事した、病気になったなど、書ける理由ははっきり書きます。それが解決し、今は問題なければ、それもアピールすること。キャリアアップのための前向きの転職だったことを強調しましょう。

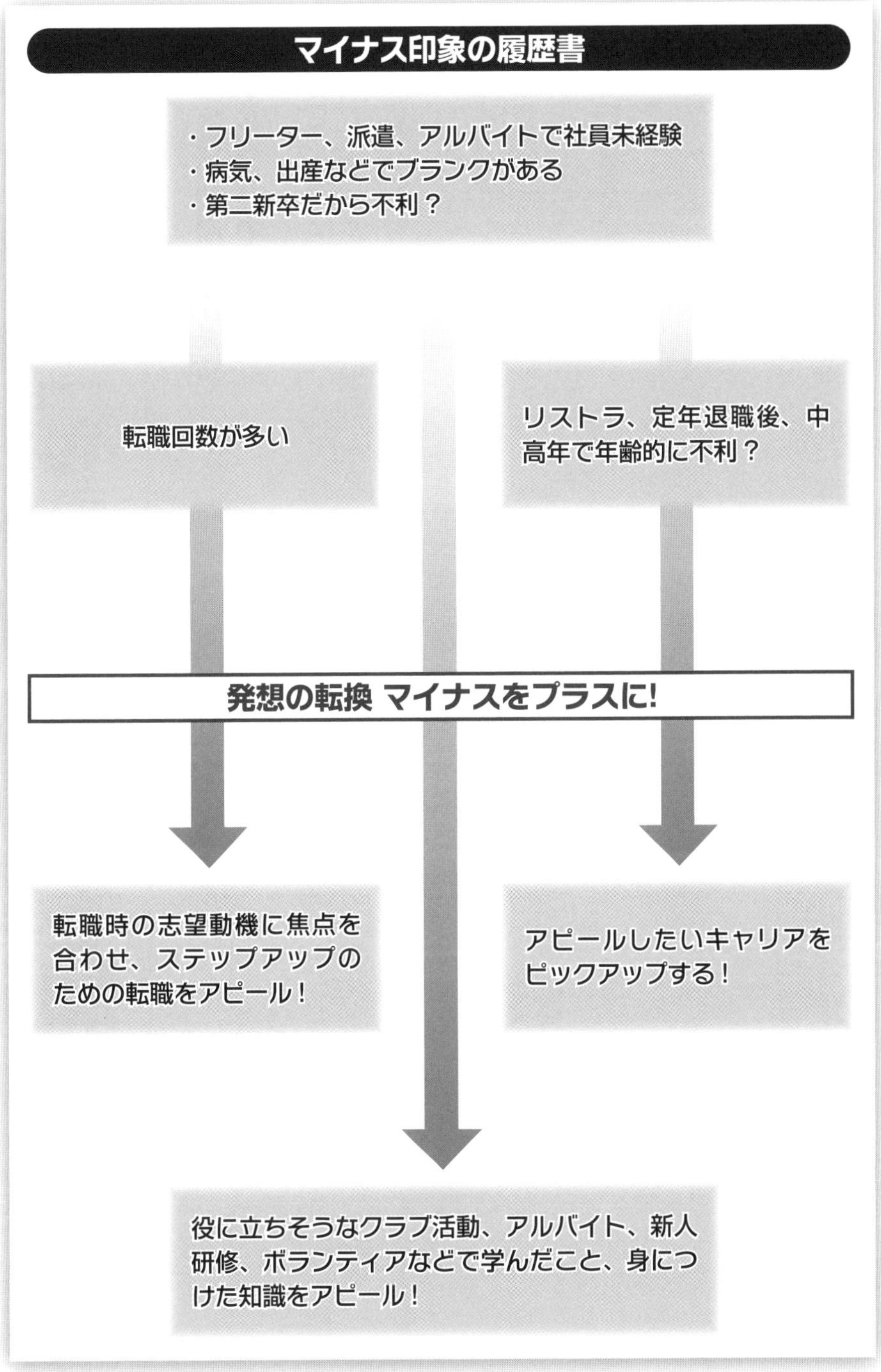
マイナス印象の履歴書
・フリーター、派遣、アルバイトで社員未経験
・病気、出産などでブランクがある
・第二新卒だから不利？
転職回数が多い
リストラ、定年退職後、中高年で年齢的に不利？

発想の転換 マイナスをプラスに!

転職時の志望動機に焦点を合わせ、ステップアップのための転職をアピール！

アピールしたいキャリアをピックアップする！

役に立ちそうなクラブ活動、アルバイト、新人研修、ボランティアなどで学んだこと、身につけた知識をアピール！

「人柄」と「やる気」で道を開く

一緒に働く仲間だからこそ人柄が重視される

同じ職場で働くのですから、能力がいくら高くても協力して仕事に臨む姿勢が見えなければ、周囲とうまくやっていけるのか危惧され、採用を見送られるでしょう。

今は、社内外でチームを組むことが多くなっているので、専門職といえど専門の知識を持っていればすむわけではありません。会社の規模や職種にかかわらず、人とコミュニケーションを取れる能力が求められています。ですから、そこを強調するのも一つの方法です。完璧な職務経歴をもっていないからといって、自信をなくすことはありません。

職場によっては、プロジェクトチームのまとめ役として経験者を求めることもあります。経験が豊かで落ち着きがあり、穏やかで粘り強い性格、チームを組んでこれまで成功させてきた企画などを、書類を読む側の立場に立って、あなたの功績をわかりやすく示すことが大切です。

責任を押し付ける高慢さは嫌われる

転職を重ねたり、経歴にブランクがあるような場合、会社側は必ず理由を聞いてきます。履歴書にすべてを書く必要はありませんが、面接では答えを準備しておきましょう。

どのような事情はあるにしろ、辞めた会社を恨むような書き方はかえって逆効果です。事実はどうあれ、あなた自身が人の悪口を言う軽率な人と思われるのがせいぜいでしょう。必要なのは、わかりやすい客観的な説明です。

やる気は大きな評価基準

輝かしい経歴があっても、入社してから一生懸命働いてくれるだろうと思えなければ、採用する人はいません。たとえ経歴にブランクや不利な事柄があったとしても、それをカバーするだけのやる気があることを示すことが大事なのです。

やる気を示すには

◎志望動機は明確に、詳細に書く

・なぜこの職種、この会社を選んだのか
・なぜアルバイトやフリーター、派遣社員から正社員を目指すのか

◎自己PR欄などで仕事への前向きな姿勢をアピールする

・不利な条件を超えるような積極性を見せれば、より印象的に

◎前向きの姿勢を強調

・退職理由は言い訳めいたものにせず、納得できる理由があったことを強調

人柄を見せるには

◎マイナス要因を減らす

・だれかの悪口になるようなことは書かない
・これまでの経歴を自分ひとりの手柄のようにひけらかさない

◎周囲とうまくやっていく協調性があることを示す

・チームワークで成功した経験があれば具体的に書く
・収入が下ることがあっても受け入れることを明記する

人材派遣から正社員へ

豊富な経験とスキルをアピール 正社員になりたい理由も明確に

派遣社員として長く働いてきた場合、いちばんのアピールポイントは豊富な経験と実地で役立つスキルです。なかでも自分が最も強みとするスキル、企業で重宝されるだろう経験を中心に記します。派遣先の羅列は避け、大手や希望先の会社に関連の深い企業に絞ります。長期間就いた仕事や最近1、2年の仕事内容については、特に詳しく書きましょう。

なぜ正社員になりたいのか、その理由も必要です。長く働きたい、周囲の人に役立ちたいなど、意欲的で前向きな理由を明確に表しましょう。

事務職　36歳女性

例83　不採用

年	月	職歴
平成20年	6	△△株式会社で派遣社員として勤務 営業アシスタントとして、営業関係の伝票処理、 データ入力、見積書その他業務書類作成を担当

不採用の理由：だらだらした書き方でアピールしたいポイントも読み飛ばされる。

例84　採用

年	月	職歴
平成20年	6	△△株式会社　財務部 ・業者と従業員立替金の仕訳、データ入力 ・前払金、未払金勘定等の管理 ・バランスシートの基礎資料作成 資格　英検2級、ビジネス文書検定1級、簿記検定 《日商》2級 PC ワード、エクセル、パワーポイントほか

実績

スキル

採用の理由：これまでの実績と現在のスキルが見やすく工夫されている。

アルバイトから正社員へ

やる気と熱意をアピールし経験不足を補う

正社員になるきっかけを失ったままアルバイトを続ければ、新卒扱いではなくなります。かといってスキルはベテランに及ばず、就職にはどうしても不利になります。

　しかし、アルバイトといえども仕事は仕事。長期間まじめに勤務した経験があり、ビジネスマナーも身についていれば、職歴として評価の対象になります。職務内容はなるべく具体的に、正社員を希望する理由とその職種を選んだ理由も詳細に書くこと。働く意欲をアピールし、経験の不足を補いましょう。

販売職　28歳男性

例85　不採用

年	月	職歴
平成30年	4	メンズショップSYにアルバイトとして入社 レジおよび商品管理、売上管理、棚卸などを担当。ディスプレイに興味があったので、進んで携わりました。お客さんにも大好評で、すっかり自信がつき、もっと自分のセンスが活かせる仕事に就きたいと考えるようになりました。

不採用の理由：やる気はわかるが自己満足に終わっている。表現に工夫が欲しい。

例86　採用

年	月	職歴
平成30年	4	メンズショップSY店員 現在週5日勤務。10時から19時勤務、ただ、お客様が多い週末は21時ころになることが多い。 業務内容　接客を始め、ディスプレイ、商品管理、売上管理、催事企画、棚卸などを担当。

採用の理由：責任感の強さと仕事への前向きな姿勢が感じられる。

子育て後に正社員へ

社会とのつながりや育児期間に得た経験をアピール

出産や子育てのためとはいえ、長期間社会から離れていたことは雇用側にとって不安材料となります。過去の職歴ももちろんですが、離職期間に何をしていたかが重要です。

　アルバイトやパート、また通信教育、ボランティア、ＰＴＡやサークルでの活動などを通じて学んだこと、そしてその体験を今後にどう活かしていけるのかを伝えましょう。身につけた技能や知識があれば、さらにアピールポイントになります。正社員として心置きなく働ける状況であることも強調しておきましょう。

事務職　36歳女性

例87　不採用

年	月	職歴
平成29年	4	出産のため、「丸一食品株式会社」退社
		二児の育児に専念し、現在に至る
		（現在は地域のボランティアを週2回お手伝いしています。）

不採用の理由：ボランティアしたという事実だけで、そこで学んだことが具体的にわかるように書かれていない。

例88　採用

年	月	職歴
平成29年	4	出産のため、「丸一食品株式会社」退社
		子育てをしながら食品の安全性について勉強を始める。現在地域の育児ボランティアを週2回手伝いながら、管理栄養士になるための勉強中。

採用の理由：子どもがいるというハンデを、強みに変えるという意思が感じられる。

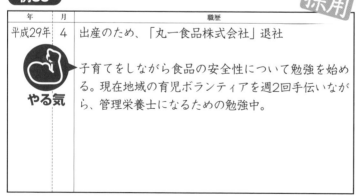

第二新卒で正社員へ

適性とやる気を積極的にアピール

経験者として認められるには、ふつう3年以上の経験が必要です。第二新卒者は、前の会社を入社1、2年で退社しており、アピールできるほどの職歴がないと思われがちです。クラブ活動やアルバイト、短い就職期間のなかで身に付けたスキル、アピールできる材料をさがしましょう。まだ若いので、人一倍のやる気を見せるのが効果的。

前の会社の退職理由もポイントです。悪口になる危険があるなら、あえて書かないのも一つの方法です。面接では必ず聞かれるので、準備はしておきましょう。

事務職　24歳男性

例89　不採用

年	月	職務経歴
令和2年	4	岡野食品会社入社
	5	大森店に配属
令和3年	8	同社退社

不採用の理由：就職期間中に何も学んでいないとしか思えない記述。

例90　採用

年	月	職務経歴
令和2年	4	岡野食品会社入社 3週間の社員研修を受講 ●研修カリキュラムの内容

実績

	マナー	商品知識
第1週	敬語・電話の応対	食品全般
第2週	接客・トラブル処理	原料・添加物
第3週	現場での研修	輸入・輸出品

採用の理由：短い期間でも意志を持って積極的に学び取っている気迫が感じられる。

長期療養後に正社員へ

完全な回復と、療養期間の有意義な過ごし方をアピール

企業はまず長期療養の理由、そして病気や怪我が全快しているのか、今後の仕事に影響がないかどうかをいちばんに知りたがります。また療養の間の過ごし方も問題です。

長期療養をせざるをえなかった理由をはっきり書き、すっかり回復して今では元気に働けることをアピールしましょう。また期間中ただぼんやり過ごしていたと思われては、やる気を疑われます。資格取得やキャリアアップのためどんな勉強をしていたかなどを具体的に記し、前向きな姿勢を示しましょう。

技術職　38歳女性

例91　不採用

年	月	職歴
平成29年	1	第一商事株式会社退社 《退社理由》 交通事故に遭い、後遺症で体調が優れず、結局長期療養を強いられることになりました。 療養期間中にも、時間を無駄にしないよう心掛け、勉強に励んでいました。

不採用の理由：不幸は気の毒でも、自己憐憫はいい印象を与えない。勉強の内容も不明瞭。

例92　採用

年	月	職歴
平成29年	1	第一商事株式会社退社 《退職理由》療養のため 事故のため3年間、病院での治療を余儀なくされました。 療養に専念しながらも、同時にキャリアアップを図るよい機会と考え、通信教育を受講しました。 ○○検定の2級ならびに、△△資格を取得しております。 ※現在の健康については、主治医ももう何の問題もないと太鼓判を押してくれています。

採用の理由：不幸に対し前向きに立ち向かう姿勢は好印象。病後の健康についても安心なことを強調することを忘れずに。

リストラ・倒産から正社員へ

退職理由の書き方を工夫し前向きな姿勢を示す

今や倒産や業績悪化が理由の退職は珍しくありません。業績悪化での人員削減ならそれを率直に記し、早期希望退職制度の利用なら、キャリアアップのためを強調します。退職勧奨を受けた場合は、「会社都合により退職」などとぼかすこと。倒産での失職でも、業績の良い部署にいたなら積極的なアピールができます。

大事なのは前向きな姿勢。経験から何を学んだか、今後の仕事にどう生かすつもりかを示しましょう。中高年の場合は特に、チャレンジ精神と柔軟性のアピールが重要です。

販売職　42歳男性

例93　不採用

退職理由

リストラに遭い、会社に対しては人一倍の貢献をしたと自負しておりますが、残念ながら辞めざるを得なくなりました。

不採用の理由：前の会社に対し、悪口に取られる表現は厳禁。

例94　採用

退職理由

これまで販売の現場で培った経験を生かしたいと考え、早期退職優遇制度を利用して退職いたしました。
現場での厳しさは重々承知しております。たとえどんな立場に立つことになっても、御社のお役に立てるものならいとわない覚悟でおります。
これまで以上の意欲と、チャレンジ精神で現場を盛り上げていきたいと思います。

採用の理由：厳しい現実をわきまえ、そこでがんばっていきたいという意欲を感じさせる。

未経験の職種の正社員へ

求められる能力に合わせ生かせるスキルを強調する

違う職種を希望する場合、職種を変えたい理由を説明し、仕事への熱意をアピールする必要があります。

職種の未経験は、会社にとっての即戦力になりにくく、ハンデなのは確か。企業にアピールするには、職種や企業をよく研究し、求められている能力は何かをつかむことです。そしてビジネスの基本スキル、また仕事への適性や資質が自分に備わっていることを強調します。これまでの経験やスキルを今後どう応用していくかを示すことができれば、さらに強い印象を与えられるでしょう。

販売職　39歳女性

例95　不採用

志望動機

これまでのバイヤーとしての経験から
・品物を判断する業務知識
・お客様との打ち合わせにおいての交渉力
・市場調査の店舗への応用
等に自信を持っています。
これらの経験を元に、営業職としても能力を生かしていきたいと考えています。

不採用の理由：スキルのアピールは良いが、もうひとつ工夫を。

例96　実績　採用

志望動機

営業職を志望するきっかけは、スーパーのバイヤーとして仕事をしていくなか、「この店はいつもいい品が揃っていて助かるわ」と、お客様から声をかけていただいたことでした。
産地の業者さんとお客様との調整にやりがいは感じていましたが、やはり直接お客様と接し、ご要望にお応えしていくことに手ごたえを感じ、営業職に強い関心を持つようになりました。
人と接するのが好きという性格やコミュニケーション能力で御社のお役に立てると信じております。

やる気

人柄

採用の理由：未経験の職種を志望する動機が具体的でわかりやすく、説得力がある。

中高年が正社員へ

アピールポイントを絞り 若手にはない強みを強調

キャリアの長いベテランが陥りがちな過ちは、過去の業績や地位にこだわること。重要なのは、現在の時点で企業にメリットをもたらすことのできる人材かどうかです。

経験を活かせる職種なら、最近担当し高評価を得た業務を、できれば具体的に数字をあげて示し、専門知識や実務能力をアピールすること。

さらにマネジメント能力や視野の広さ、新しい環境にも対応できる柔軟性、幅広い人脈などが期待されます。両方を兼ね備えたベテランの魅力をアピールしましょう。

事務職　52歳男性

例97　不採用

年	月	職歴
平成4年	4	株式会社大和入社 経理部に配属
平成24年	4	経理部長に昇進
		・税効果会計指導

不採用の理由：第三者にわかりやすい工夫がされていない。見せ方に工夫が必要。

例98　採用

年	月	職歴
平成24年 ～27年	4	株式会社大和　経理部長 業務内容：不動産取引／年商5億円 担当業務：内規の作成整理運用 財務管理、債券・債務管理 税効果会計指導、半期報告書作成 スキル 以上を改革促進チームのまとめ役として行い、社長賞を受賞 実績

採用の理由：専門職に必要なスキルがわかりやすく表示されている。

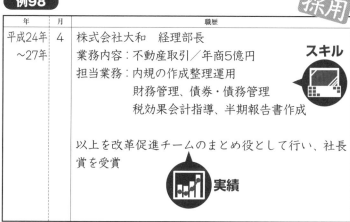

定年退職後に正社員へ

希少なエキスパートは有利 意欲のアピールが不可欠

　求職中の若者が大勢いる現在、定年後の就職は不利なのが現実です。その人以外できないような専門職や、決算書類が作れるようなスキルを持つ経理畑のベテランは重宝されますが、特に専門を持たない事務職、また肉体的に大変な営業職でも、よほど人脈が豊富な場合以外は不利になるでしょう。

　これまでより年収が落ち、年下の上司につくことになろうと構わないという覚悟を示し、意欲とやる気、職場によっては人をまとめる能力を、積極的にアピールしましょう。

営業職　63歳男性

例99　不採用

志望動機

長年、営業畑で働いてまいりました。チームをまとめる手腕はあると自負しております。

当地区での人脈を活かし、御社のお役に立ちたいと考えております。

不採用の理由：表現に具体性がなく、あいまい。

例100　採用

志望動機

当地区で、商工会議所、漁業組合の方々と20年以上のお付き合いをさせていただきました。2014年の町おこし運動で売上10%アップという成果をあげた際は、組合と共同のチームで、牽引役を務めさせていただいております。

地元の人脈を活かし、また一つの目標に向かって協力する際のまとめ役として、ぜひお役に立ちたいと考えます。

なお、年収に関しましては、ダウンは覚悟の上です。

実績

人柄

採用の理由：人脈を強調し、会社にとって役立つ人材であることを強くアピールしている。

転職をくり返して正社員へ

転職の前向きな理由と仕事への情熱を強調

これまでとは違い、転職をくり返すことが大きなマイナスになるとは限らなくなってきました。

とはいえ、それは転職理由が前向きだったとき、または勤務先の倒産や家業の手伝い、介護のためなど理由が納得できる場合に限ります。

また、たとえ仕事の能力があっても、周囲とうまくやっていけないトラブルメーカー、すぐ仕事をやめるような飽きっぽい性格は嫌われます。やりがいのある仕事を求めてきたこと、今度の仕事に意欲を燃やしていることをアピールしましょう。

技術職　38歳女性

例101　不採用

退職理由

文房具の商品開発に取り組んできましたが、会社の方針と合致せず、やむなく退社を決意いたしました。

不採用の理由：会社に不満を持ち、退職したなどという理由は最悪のイメージ。自分を客観的に見る必要がある。

例102　採用

転職理由

野田株式会社では商品開発部に配属となりました。やりがいを感じておりましたが、2年後に父親が倒れたため、帰郷し、看護に専念していました。このたび父が他界し、仕事に復帰するため戻ってまいりました。
これまでの経験を活かし、文房具業界の老舗である御社のお役に立ちたいと考えております。

採用の理由：事情があって離職したが、やる気はあることを強調。転職者に対する会社の不安な材料を取り除く気で。

転職のカギ

ハンデがあればウソをつかずに表現を工夫する

応募書類でウソは厳禁ですが、印象を良くする工夫は必要です。ほかの応募者に比べてハンデとなる部分があれば、その点は事実して認め、別の面で会社に貢献できることをアピールしましょう。

●不利な経歴例

	書いてしまいがちなウソ	こう工夫する
①中退している	「卒業」と書いてしまう。これは学歴詐称になる。	「中退」と書き、理由を添える。「父の病気のため」などの正当な理由がない場合は、「芝居に打ち込んだため」など前向きな理由に。
②転職7回	職歴を3社ぐらいに絞って、在社期間を水増しする。これは、保険・年金などの手続きでウソだとわかってしまう。「入社」「退社」は事実を書く。	多くの会社を経験したからこそ、志望会社に貢献できる点をアピールする。「人脈が豊富である」、「食品、保険、バスなど多種品目の営業経験がある」など。
③上司とけんかをして前社を辞めた	（ウソとは言えないが後ろ向きな姿勢）「会社の雰囲気がまったく合わず、仕事も希望の職種ではなかったため」。	（ケンカには触れず）「自動車用電池チームで営業に携わり、社会のためになり将来性のある環境関連製品を取り扱う企業で働きたいと考えました」。

第4章

採用される職務経歴書の書き方と実例

キャリア採用ではとくに重視される職務経歴書。
信頼を勝ち取るための書き方のポイントを解説します。

職務経歴書とはどういうもの？

転職活動に欠かせない自己PRツール

職務経歴書は、これまで勤めた会社で、どんな職務に就き、どんな成果を上げたのかを書く自己PRツールです。

履歴書にも職歴欄はありますが、企業はより詳細な情報を職務経歴書から得ようと考えています。そのため、求人募集広告の必要書類が履歴書とだけ書かれていても、職務経歴書も提出するのが常識となりつつあります。

プラス思考で積極的にアピール

職務経歴書は、外資系企業でいうレジュメです。日本人は自己PRに慣れていないこともあり、何を書けばいいのか悩む人も多いようです。しかし、これまで働いた経験があれば、期間が短くても必ずアピールできるものがあるはずです。

たとえば、売上などの実績だけがアピールポイントになるわけではありません。職種によっては、どんな環境の中でどんな仕事をしてきたかを具体的に書くことにより、コミュニケーション能力や処理能力も評価の対象になります。自分はアピールできるものはないと消極的にならず、どんなことでもアピール材料にする積極性をもつことが大切です。

自分を売り込むポイントを絞る

職務経歴書は、自分を企業に売り込むためのプレゼンテーションツールでもあります。企業は、職務経歴書で求める人材の適合性を見るだけでなく、書き方にも重点をおいて見ます。決まった書き方はなく、それだけに優劣が明確になるともいえます。

そこで、自分を採用するメリットを最大限に伝える工夫が必要です。職歴を網羅するよりも、自分の売り込みポイントに絞ってアピールしましょう。

職務経歴書3つの必須項目

①仕事の環境

勤務していた会社の事業名、そこのどの部署で働いていたかを書く。読み手が具体的にイメージしやすいように、従業員数、自分の立場、役職なども書く。

②仕事の内容

具体的な仕事の内容と、それにどう取り組んできたか、そこで何を身につけたかなどを書く。たとえば、営業職であれば、どのような営業をしてきたか、できるだけ詳細に書く。

③仕事の結果

実績・成果を具体的に書く。売上のように数字で示せない場合は、上司や顧客に評価されたところを書けば、仕事の能力やレベルをアピールでき、読み手に対する説得力が増す。

例103　職務経歴書のモデル

平成22年4月　株式会社△△△△入社（設備機器商社）
　　　　　5月　本社第一営業部配属（営業スタッフ10名）

【主な業務】

営業

顧客の工場へ出向き、納入した機器や設備が順調に稼動しているかどうかを確認する。積極的に現場で働く人たちと話をし、使う立場から納入品の評価を聞くことを心がけた。また、今後購入を検討しているものはないか、現場の人からも情報を仕入れ、新規営業活動も行っていた。

仕入れ

顧客から発注を受けた商品をどのメーカーから納入するかを検討し、顧客の最適な商品を選び、メーカーを決定する。顧客が求めている機器の性能、価格などを調査し、メーカー側からもこまめに情報を仕入れて最適な商品の仕入れ、納入を心がけた。営業は顧客への気配りは当然だが、メーカーの担当者とも日頃から関係を深め、より新しい情報の入手に努めた。

納入

商品を納品するとき、現場に立会い、試運転の結果を見届ける。少しでも不具合があれば、即対応し、当日中に処理するように心がけた。

【実績】

平成25年　新規顧客先を開拓したことにより社長賞を受賞。
平成28年　顧客先の新規工場の大型機器を受注。同年のトップセールス賞を受賞。

自分の仕事データをまとめる

職歴情報を書き出し整理する

まずは、職務経歴書に必要なデータを書き出しましょう。「希望職種」、「職歴」、「実績・成果」、「その他参考事項」をリストアップ。当たり前のことだと自己判断せず、できるだけ細かく書き出します。

次に、リストアップした情報を取捨選択。企業が採用するメリットになる情報を選びます。ポイントは、これまでこんな仕事をしてきた、この経験を活かして今後はこんな仕事をしたい、だから御社の求人に応募した、という流れが伝わる情報を入れることです。

企業のニーズに合わせて職歴情報を絞り込む

アピールポイントを絞り込みます。このときのポイントは、応募先の会社が求めている人材に必要な経験や能力に絞ることです。

応募要項に、「メーカー営業の経験者求む」「海外赴任経験豊富な方を求む」とあれば、そこがもっともアピールすべきポイントになります。各企業のニーズは、応募要項以外にも、会社案内やホームページなどで詳細なことがわかります。丹念に調べて、自分の経験や能力とマッチする点を職務経歴書の中で強調しましょう。

どんな企業にも共通するアピールポイント

企業が求める能力は様々です。しかし、どんな企業でも、どんな職種でも共通して求められる能力があります。それは、「**①コミュニケーション力**」、「**②マネージメント力**」、「**③プレゼンテーション力**」。この3点は、職務経歴書の中で必ずアピールしたいところです。

書き方としては、「プレゼンテーション力があります」ではなく、「お客様に設備の説明をする際に、オリジナルの解説書を作成し、売上を伸ばしました」など。具体的な事例をあげてアピールします。

自己データ項目

①職歴
会社名（正式な名称・業種・規模）、部署名（正式な名称・業務内容）、担当職務（日常業務内容・プロジェクト内容）、転属・昇進（勤務場所・役職名・部下の人数）、国際経験（留学経験・海外勤務・海外出張・外国人接待）、退職理由（履歴書で不足な場合）

②実績
具体的な成果（売上・利益・経費節減・省力化・開発商品・業界の評判）、社内評価（表彰）、担当した得意先（自分で開拓した企業・長年担当した企業）、研究実績（著作論文・特許）

③実務能力
資格（仕事に必要な資格・免許・語学力）、専門知識（商品知識・技術知識・業界知識）、使用パソコン（操作可能なソフトなど）

④自己啓発
受講経歴（各種セミナー）、社外活動（大学ゼミ・ボランティア・NPO）、人脈づくり（業界交流・異業種交流）

例104　**自己データ作成例**

平成22年4月　株式会社さかえ電機に入社
電気機器メーカー・社員数150名・年商200億円・未上場
東京支社経理部に配属　※一般的な経理事務
平成27年9月　経理部係長に昇格
（実績）
平成24～26年　社内の経理システムの開発チームに参加。独自のソフト開発に成功し、決算期の作業を軽減することができた。
平成26年10月　経理システムの開発に貢献したことにより、「部長賞」
（実務能力）
平成16年11月　パソコン財務会計主任者検定1級合格
平成20年11月　簿記検定1級合格
専門知識：パソコンによる入力作業に関する専門知識を有します。5年間の実務経験から、財務・税務などの知識も蓄積してきました。
使用パソコン：Windows7（Word・Excel）
（自己啓発）
平成21年9月～　公認会計士試験に向けて、専門学校の夜間部に通学

読みやすい職務経歴書を書くポイント①

アピールポイントが伝わりやすい書き方

職歴情報は、キャリアを積んだ中高年の場合は、膨大な量になります。企業側は読むだけで疲れてしまい、重要なデータが伝わりにくくなってしまうでしょう。そこで、企業が関心をもつようなデータ、自信のある過去のデータ、現在の実務能力を示すデータに絞って列記します。

これは、若年層でも同様なことがいえます。論文や自分史を書くわけではないのですから、できるだけ簡潔に箇条書き形式でまとめるのがベストです。読み手にもわかりやすく、アピールポイントも伝わりやすいメリットがあります。

主語は省いてテンポよく書く

できるだけ無駄な言葉は使いません。書き手が本人であることはわかっているので、「私は」は不要です。また、職務経歴書の紹介部分は「です・ます」調ではなく、「である」調や体言止めが歯切れのよい印象になります。

必然的にビジネス用語が多くなるため、漢字も多用してしまいがちですが、できるだけやさしい表現にするよう心がけましょう。専門的すぎる用語や難解な表現は、かえってマイナスになります。

パソコンでも手書きでも簡潔にまとめる

一般的には、パソコンでA4サイズの用紙に印刷します。市販の職務経歴書やレポート用紙に、万年筆もしくはボールペンで書く方法もあります。書き損じても修正液を使わず、書き直しましょう。

求人欄に「できるだけ詳しく」と書かれていても、1~2ページにまとめるのが普通です。読み手は、履歴書の職歴に対して「詳しく」といっているにすぎません。数ページにも及ぶ職務経歴書は、整理能力がないと判断されます。

読みやすい職務経歴書

例105 ◆普通の文章での表現

不採用

職歴

①私は、平成20年4月から30年3月まで、②「ワコウ事務機販売」で営業の業務に携わっていました。業務内容は、企業や学校法人に事務機器を販売する仕事です。西関東を担当し、平成28年からは営業主任として活躍しました。平成29年には、新規顧客開拓をして社長賞を受け、③金一封をいただきました。担当した主な取引先は、「山川建設」「さくら不動産」「山田高等学校」などです。

①「私は」は不要　②正式な社名を書く　③不要

例106 ◆箇条書きのの表現

採用

職歴

平成20年4月～30年3月
株式会社ワコウ事務機販売に在籍
西関東エリア営業主任（5名の部下を指導）

（業務内容）

企業・学校法人などへ事務機器を販売

（主な実績）

・平成29年 グループ会社を抱える新規顧客を開拓（社長賞）
・関東一円の新人研修を担当

（主な担当先）

株式会社山川建設／さくら不動産／私立山田高等学校

（退職理由）

母親の介護のため、やむなく退社。現在は、施設に入ることができ、支障なく働くことができる。

読みやすい職務経歴書を書くポイント②

積極的な言葉・表現で意欲をアピール

自分のプラス面を前面に出し、意欲を評価してもらえるような言葉の工夫が大切です。たとえば、職種では「保険営業」より、「ファイナンシャルプランニング」のほうがレベルの高い仕事をしてきた印象を与えます。

実務経験でも、「顧客への対応」と「顧客サービスを推進」。「対応」より「推進」とするほうが、主体的に仕事に取り組んできたと思われ、好印象をもたれます。自分を売り込むために、嘘にならない範囲で効果的な工夫をしましょう。

わかりやすい表現で成功歴だけを書く

だれにでも失敗歴はあります。「新商品の売れ行きが悪かった」「得意先から嫌われて担当を外された」など。そんな失敗がビジネスでは大きな財産にもなりますが、職務経歴書に書くことは適当ではありません。「前年比１３０％達成」と書いても、「前年比60％」は書く必要はないのです。

また、わかりやすい表現を使うことも大事です。だれでも理解できる文章を心がけます。次の点に注意しましょう。

①文を短く
②表記を統一する
③漢字とかなのバランス

絶対に避けたいマイナスイメージの表現

読み手に好印象を与える書き方があれば、悪い印象を与えてしまう書き方もあります。

①後ろ向きな表現や言葉
②退職した会社の悪口
③言い訳めいた表現
④ひとりよがりの考え

①は意欲のない人、②は人格的に劣っている人、③は責任能力のない人、④客観視できない人などと、低く評価されてしまいます。これらの表現は避けましょう。

前向きな職務経歴書

例107 ◆マイナスイメージの職務経歴書

不採用

職務経歴書

平成25年4月～令和2年10月　株式会社ひまわり食品に勤務。

商品開発部に配属。

アイスクリームの品質保持、新商品開発に携わる。

3年目に企画したものが商品化されたが、①冷夏だったせいで②売上的にはふるわなかった。

平成28年主任に昇格。

デザート感覚の新製品を企画。③テレビ番組に取り上げられ若者層に受け、当初見込みより40%増の売上を達成。

社長賞をいただく。

[退職理由]

老舗の食品メーカーのせいか、④体質が古く、冒険させてくれない。

①言い訳めいた表現　②マイナス面は不要　③ひとりよがりの意見　④前の会社の悪口はタブー

例108 ◆簡潔な職務経歴書

採用

職務経歴書

平成25年4月～令和2年10月　株式会社ひまわり食品に勤務。

商品開発部に配属。

　アイスクリームの品質保持、新商品開発に携わる。

　3年目に企画した新製品が商品化。

平成28年主任に昇格。

　デザート感覚の新製品を企画。

　テレビ番組に取り上げられるという幸運に恵まれる。宣伝効果もあり、当初見込みより40%増の売上を達成。これにより社長賞をいただく。

[退職理由]

以前から、家庭でパティシエの味を楽しめるアイスクリームを企画したいと考えていた。そのため他社での修行も必要と思い転職を決めた。

職務経歴書 書き方

実績は数字で具体的に示す

あいまいな表現を避け できるだけ具体的に書く

職務経歴書は、

①いつ
②どこで（会社と部署）
③どんな仕事をして
④どんな結果（実績）

を出したかを伝えるツールです。それらを正確に伝えるためには、具体的に書くことが必要になります。

たとえば、「だいたい１９９０年ごろ」とか、「株式会社しながわ商事ほかで働く」など、あいまいな表現は避けましょう。

年月は正確に、勤務した会社はすべて書きます。

実績は数字で示し 積極的な姿勢をアピール

どんな立場で、どんな仕事をし、どんな結果を出したかを、数字にしてアピールします。たとえば、「新規店舗を任せられる」という経験に、「初年度売上１０００万円／３年度目の売上３０００万円」と付記します。この数字で、どんな仕事をしてきた有能な人材かを理解してもらえるでしょう。

このほか、「商品企画課主任の立場で」「企画立案したペットフードが」「年間２億円の売上実績を残した」と、書けばアピール力が増します。仕事によっては、担当した顧客数、シェアなど、可能な限り数字で示します。「業界で有名」とか「上司も感心した」というあいまいな言葉は、読み手にマイナスイメージを与えてしまいます。

どんな実績でも 必ず数字にできる

売上や利益など営業的な実績に直接影響する仕事は、数字で示しやすいものです。その反面、事務職や専門職の実績を数字で示すことは難しいかもしれません。

それでも、たとえば人事経験者であれば採用した社員数、デザイナーであれば手がけた作品数を数字で示せば効果的です。

実績の表し方

例109 ◆実績があいまい

不採用

職務経歴書

平成20年4月～25年3月

株式会社カガヤキ企画に在籍。

デザイナーとして①企業のPR誌、ポスター、雑誌を手がける。

平成25年4月～平成28年11月

デザイン室主任に昇格。アートディレクターとして部下5名を指導。

清涼飲料水の広告に携わり、②大きな反響をよぶ。

①具体的な名前、雑誌名と部数を示す　②あいまいな表現

例110 ◆数字で具体的

採用

職務経歴書

平成20年4月～25年3月

株式会社カガヤキ企画に在籍。デザイナーとして勤務。

　企業のPR誌：株式会社アオイ食品／隔月1万部、株式会社ユメ建設／季刊3万部

　ポスター：株式会社メガネ一番のポスター10万部

　雑誌：週刊朝読（8万部）、月刊クルマ（3万部）

平成25年4月～平成28年11月

デザイン室主任に昇格。アートディレクターとして部下5名を指導。

　株式会社アオイ食品の麦茶の広告を担当。

　前年比売上150%を記録。

　制作したポスターが朝読広告大賞を受賞。

　株式会社ユメ建設のPR誌「キズナ」によってPR誌大賞を受賞。

信条＋心情が伝わる職務経歴書がベスト

入社にかける熱意・人柄もアピール材料に

特記事項として、仕事に対する**「信条」「心情」**、交遊を通しての**「人脈」**などを入れると、熱意が伝わります。特にコミュニケーション力が問われる営業職、マネージメント力が問われる管理職の求人に有効です。

たとえば営業職では、「名刺をいただいた方には携帯電話で写真を撮らせていただき、情報をパソコンに記録している」「大学時代の友人をはじめ、これまで築いてきた人脈のネットワークを大切にしている」「健康管理のため毎日ウォーキングをしている」など。

管理職では、「部下をほめて育ててきた」「任せるところはギリギリまで待ち、いざというときに助け舟を出すという指導をしてきた」「男女や経験年数を問わず、仕事ごとに適材適所の人選をした」などです。

仕事に関係ない活動でも特記事項でアピール

仕事には関係ないボランティア活動、ＮＰＯ活動、サークル活動などもアピール材料になります。会社から離れた個人の主体的な活動は、特に中高年の場合は人脈の広さ、人生に積極的に取り組む姿勢が伝わり、好印象をもたれます。若年層であれば、資格取得のために夜学に通っていることも加えると、意欲的な姿勢が評価されるでしょう。

資格や経験が面接時の話題に役立つ

職務経歴や実務能力のほかにも、英語検定やＴＯＥＩＣなどの語学、日商簿記や税理士などの経理関係などの資格も大きなアピールポイントです。資格はなくても、各種セミナーへの参加、購読誌や新聞、経験あるパソコンのソフトなども記入しておけば、面接時の話題に役立ちます。

特記事項の書き方

例111 ◆資格と経験

［資格］平成12年　日商簿記１級取得
平成20年 TOEIC 800点
［経験］MBA取得を目指し、平成21年～22年アメリカに短期留学。今後もチャレンジしていく予定。

例112 ◆使用経験のあるパソコン

機器	OS	アプリケーション
・Macintosh ・HPXXX	・Mac OS X ・Windows10	・ワード ・エクセル ・パワーポイント ・アドビ関連

例113 ◆自己啓発

・受講セミナー　能力開発セミナー（月1回）
グローバル経営セミナー
・購読紙・誌　日本経済新聞
Newsweek
月刊「財界人」

例114 ◆仕事の信条

①人脈が命
刻々と変化する世界の経済状況を考え、あらゆる方面からの情報入手が仕事の命運を決めると考える。そのため、大学時代の友人や異業種のセミナーに参加して知り合った人たちとの連絡を密にしている。ときには、短期留学時の友人からも情報を得る。
②町を歩き社会の動きを取材
人脈から得た情報が、社会の中でどう動いているのかを確認する意味も含めて、休日は町に出ていく。

レイアウトも大事な要素

レイアウトのメリハリで見せる工夫を

企業担当者は、職務経歴書を隅から隅まで時間をかけて目を通すことはしないでしょう。そのため、ざっと目を通しただけで職歴やセールスポイントに注視してもらえる工夫が必要になります。同じ内容でも、メリハリのある書面にすれば、読み手を引き付けられます。

そこで重要になるのがレイアウトです。だらだらと書かれた書類は、読み手からは「何を言いたいのかわからない」と判断されます。この人物をもっと知りたい、と思わせるような工夫をしましょう。

たとえば次のような工夫です。

●タイトル・小見出しを工夫

職務経歴書・技術経歴書といったタイトルは大きめの活字を使用。太字もしくはゴシック体で目立たせます。それ以降の職務経歴・特記事項などの小見出しは、タイトルよりは小さめの活字を使うとわかりやすいです。

●記号や数字で見やすく

前職の実務経験を記すときは、「1商品企画　2品質管理…」と番号をふるか、「◆商品企画　◆品質管理…」と記号を使うと見やすくなります。

●罫線や表・グラフでメリハリを

小見出しにアンダーラインを引いたり、強調したい項目を罫線で囲んだり、実績や資格を別表にしたりします。営業実績などは数字を並べるよりも、グラフにしたほうがわかりやすいでしょう。

見せる工夫はしても凝りすぎると逆効果

一般企業に対して、ＣＧを駆使するなどビジュアル的に凝りすぎると、ひとりよがりの印象をもたれてマイナス効果になるかもしれません。デザイン事務所やソフト会社であればともかく、見せる工夫はしても、見やすいかどうかなのです。凝りすぎて本末転倒にならないようにしましょう。

レイアウトの工夫

例115 ◆平凡な例

不採用

職務経歴書

自署　㊞

最終学歴：城東大学工学部卒業
希望職種：商品開発
求職資格：家電メーカーで開発スタッフとして5年経験

職務経歴
平成24年4月
株式会社えびす電機入社
商品開発部に配属

例116 ◆タイトル・小見出しを工夫

採用

職務経歴書

自署　㊞

最終学歴：城東大学工学部卒業
希望職種：商品開発
求職資格：家電メーカーで開発スタッフとして5年経験

■職務経歴
平成24年4月
株式会社えびす電機入社
商品開発部に配属

例117 ◆平凡な例

不採用

平成27年4月
あずま飲料株式会社入社
総務部広報課に配属（社内外に対する広報業務を中心に、自社商品の広告制作、株主総会に必要な情報収集・冊子制作に従事していた）

例118 ◆記号や数字で見やすく

採用

■職務経歴
平成27年4月
あずま飲料株式会社入社
総務部広報課に配属
《業務内容》
①社内広報関係…社内報制作・社内連絡網管理
②メディア関係…ホームページ管理・メディア向けニュースリリースの発行
③広告関係…商品CM制作
④株主総会関係…IR・CSRの制作

例119 ◆平凡な例

不採用

平成23年4月～25年3月
総務部人事課に配属
社内外に対する広報業務を中心に、自社商品の広告制作、株主総会に必要な情報収集・冊子制作に従事していた。

例120 ◆罫線や表・グラフでメリハリ

採用

平成23年4月～25年3月
総務部人事課に配属
《業務内容》

社内広報関係	社内報制作・連絡網管理
メディア関係	ホームページ管理・ニュースリリースの発行
広告関係	商品CM制作
株主総会関係	IR・CSRの制作

編年体式のフォーム

職歴を年代順・時系列に記述していく編年体式

職務経歴書の基本スタイルです。過去の勤務先から順に職歴を書きます。転職・異動・昇進などの時期で区切るため、職歴がひと目でわかるメリットがあります。異動や昇進をくり返して仕事経験が多岐にわたる人も、キャリアに乏しい若年層でも使える形式です。

しかし、特定の職務内容について強調しにくい弱点があります。そこで、特にアピールしたい項目は「特記事項」を立てて具体的な情報を盛り込むとよいでしょう。また、メリハリのないものになりがちなので、表を使ったり、見出しの書体を変える工夫が必要です。

外資系に多く見られる逆編年体式

現在から過去に向かって書いていく方法です。キャリア・アップの転職が多いアメリカでは一般的。ここ数年のキャリアがもっとも重視されるため、特に外資系企業の場合は逆編年体形式がいいでしょう。

また直近の経験がもっともアピール力が強いと思われる場合も、逆編年体式がおすすめです。

編年体式のポイント

●転職・異動・昇進などの節目を書く

新卒から現在まで、勤務先・部署・立場が変化した様子を書きます。

●自分の担当した業務内容を書く

自信のある仕事をリストアップして箇条書きで書きます。

●会社・部署の概要を書く

会社名や部署名が第三者からみてわかりにくいようであれば、概略を付記します。

●実績を数字で示す

実績は、数字や客観的なデータを使って説明します。

●セミナーや研修歴を書く

これまで参加したセミナー、研修を書いてアピールします。

編年体式のモデル

例121

職務経歴書

令和○年○月○日現在
自署　㊞

■職務経歴

平成10年4月　株式会社ひまわり商事入社

本社第1営業本部機械営業部に配属

［会社概要］ 工業機械・電機関連機器専門の商社
本社：東京都千代田区○○　創立：大正13年
従業員数：750名　資本金：56億円
売上高：580億円（平成○年度）
※工業機械・電機専門商社としては国内第3位。

［担当業務］ 1顧客のプラント設計
2仕入れ先メーカーの調査
3納入済機器のアフターケアの手配

平成20年4月　中部支社産業プラントシステム営業部に異動

課長代理に昇格

［担当エリア］ ・愛知県D自動車ほか3社
・岐阜県S電機ほか2社
・三重県Y工業ほか4社

平成25年4月　本社第2営業本部パートナーサポート営業部に異動

部長に昇格

［担当業務］ 1顧客に納入する機器・機材メーカーとの折衝
2パートナーのメーカーと新規顧客開拓
3人材育成

令和3年9月　株式会社ひまわり商事退社

［退職理由］ グローバル社会の中で、キャリアを積んで国内企業だけでなく、海外企業も視野に入れた営業活動ができる組織に転職を希望した。

■業務内容は、仕事によってプロジェクト内容、担当エリア、担当得意先、扱い商品などに細分化してもよいでしょう。

キャリア式のフォーム

キャリア式で職務能力をアピール

キャリア式は重要でない職務を簡略化し、自信のある実績を強調することができます。採用する企業側としても、職歴のポイントや適性を見極めやすいために、キャリア式を望む声が多いようです。

特に、技術職や専門職など特殊な技術・技能をもつ場合は、各専門性を具体的な項目に分けて実績をアピールします。職歴が短い場合は、職務内容を細かく分けて詳細に書くことが大切です。このとき、経験した職務と希望職種が関連するアピールポイントを選んで書きます。

編年体式とキャリア式を合わせてアピール力強化

職務経歴書の冒頭、編年式で職歴を書いたあと、職種別・プロジェクト別・取扱商品など、特定の項目で区分してまとめます。そのため、プロジェクトごとに内容や規模、担当が異なる技術職に向いている書き方です。

キャリア式のポイント

●職務・プロジェクト別にまとめる

年代順に職歴を書き出し、各業務ごと、プロジェクトごとに割り振ります。

●職務内容に見出しをつける

業務ごとにまとめて、内容を象徴するような見出しをつけます。

●職務内容を箇条書きで書く

番号もしくは記号を頭につけ、業務内容を箇条書きで書きます。

●編年体式で略歴を併記する

仕事の変遷をわかりやすいように、略歴を併記します。理解しやすいための工夫です。

●表を使用して簡潔にまとめる

文章の羅列では読みにくい心配があります。そこで、表やグラフを使ってまとめます。

●資格・免許を併記する

取得資格・免許は、職務内容に併記するか、別の欄を設けて書き入れます。

キャリア式のモデル

例122

職務経歴書

令和○年○月○日現在

自署　㊞

■職務経歴

平成15年4月　株式会社ひまわり商事入社
　　　　　　本社第１営業本部機械営業部に配属
平成20年4月　中部支社産業プラントシステム営業部に異動
　　　　　　課長代理に昇格
平成25年4月　本社第２営業本部パートナーサポート営業部に異動
　　　　　　部長に昇格
令和3年３月　株式会社ひまわり商事退社

■職務内容

営業支援	平成15年4月～20年3月（5年間） 株式会社ひまわり商事入社 本社第１営業本部機械営業部に配属在籍 ①各種伝票処理　②営業計画表作成　③顧客のプラント設計 ④仕入先メーカーの調査　⑤納入機器のアフターケア手配 **[社内外研修･自己啓発]** ●新人マナー研修（5日間）　●異業種セミナー（1回／月） **[取得資格]** 一級電気工事施工管理技士（平成14年）
機械営業	平成20年4月～令和3年3月（13年間） 中部支社産業プラントシステム営業部に在籍 ●得意先6社への産業機器販売業務 **[売上実績]個人成績** 20年度：5億6000万円　21年度：6億1000万円 22年度：8億5000万円　23年度：9億円 ⋮

■経験した仕事別に内容を説明します。各職務内容を箇条書きにし、実績も付記。その間に取得した資格、参加したセミナーなども列記します。

営業職の職務経歴書の書き方

営業職の実績は具体的に数字で示す

営業職は、技術職や事務職と比較すると、実績を数字で示しやすくアピールしやすいです。企業側も、実力を売上などの数字で判断したいと考えています。

そこで、実績を書くときはただ「目標を達成した」より「8000万円の目標を達成した」、「がんばった」より「6000万円の売上があった」と書くけば説得力があります。

営業の基本は同じ多様な能力をアピール

営業職には、企画力・交渉力・提案力が求められます。これは営業の基本になる能力です。だから、異業界への転職をする場合でも、この3つの能力は重要な判断材料となるため、営業力を強化するために実践したこと、その成果をアピールしましょう。

たとえば、「コンサルティング営業を実践。自社製品の利益だけを考えず、新商品であれば他社製品でも目立たせる陳列法を提案。小売店の立場になった客観的アドバイスから信頼を得て、販売網を強化した」。営業力を強化するために実践したこと、その成果をアピールします。営業マンとして人柄が伝わるようなエピソードを入れると効果的です。

営業職の必須項目

取扱商品	扱った商品の種類と、商品の特徴や価格など。
営業形態	ルートセールスか飛び込み営業か、営業の形態。
営業地域	外国を含め、実績を上げた地域をアピール。
顧客対象	顧客は法人か個人か。年齢層・性別なども書く。
営業実績	営業成績を数字、表彰経験などで具体的に示す。
管理経験	管理職、リーダーの経験があれば部下の人数・性別を詳しく書く。

第二新卒の理由をアピール

例123

職務経歴書

令和　○年○月○日現在
加藤信二　加藤　（26歳）

希望職種　営業職
応募資格　電力会社勤務2年経験
　１級電気工事施工管理士（平成30年）
最終学歴　南北大学大学院電気電子工学科卒業（平成30年）
職務経歴　太陽電気株式会社入社

平成30年4月　3週間の社内研修を受ける。

●研修カリキュラムの内容 ❶

	ビジネス研修	現場研修
第1週	敬語／電話の受け方・かけ方	送電線知識
第2週	ビジネス会話／接客マナー	変電所調査
第3週	異業種研修（営業職）	送電線の現場調査

平成30年5月　北関東エリアに配属

《主な業務》❷

実績

北関東エリアの送電線の保守・管理。特に、工事現場・ビル建設現場付近に出向き、送電線への事故を防ぐための現場監督、事故防止工事などを行う。

令和2年1月　太陽電気株式会社を退職 ❸

《退職理由》

やる気

今後の日本は再生可能エネルギーの割合を増やすことで、安全かつクリーンなエネルギー供給が実現できると考え、その分野にぜひ進みたく退職しました。

《営業職への志望動機》❹

前職の研修で営業職を経験しましたが、とてもやりがいを感じました。いつか専門知識を土台にエネルギーを販売する営業職に就きたいと希望していました。将来的にはエネルギーに関する技術的なスキルと営業的スキルを身につけた総合職をめざしたいと考えています。

ポイント　**❶研修**…研修も1つの経験としてアピール。このほかアルバイトや地域活動の経験なども、実績として認められる。**❷業務内容**…どんな仕事をして、どんなことを学んだかを書く。**❸退職理由**…日本にとって重要な自然エネルギーに魅力を感じての転職であることをアピール。❹営業職への転職希望を明快に訴え、総合的な業務がこなせるようになりたいと将来像をアピール。

営業職
32歳
男性
事務職から営業職への転職意欲をアピール

例124

職務経歴書

令和○年○月○日現在

■氏名　佐藤誠 佐藤 （32歳）
■住所　〒000-0000　東京都杉並区南町9-8-7
電話番号　03-4567-7654
Eメール　m-sato@Xnet.ne.jp ❶
■希望職種　営業
■最終学歴　港大学文学部卒業（平成19年）
■職務経歴　平成26年4月　ハコネ食品株式会社入社
本社総務部総務課に配属
《会社概要》
昭和40年創業　製菓業
令和2年度実績　売上179億円・利益3億円
従業員480名

実績

平成29年4月　総務部消費者相談課に異動
令和２年4月　消費者相談課主任に昇格
令和３年9月　同社を退職

やる気

■職務経験 ❷
総務全般…●健康診断　●工場見学者案内　●防災訓練立案
●車輌管理　●慶弔
消費者相談…●クレーム処理　●商品事故管理　●消費者対策
■退職理由 ❸
ハコネ食品株式会社、業務縮小のため退職希望者を募る。今であれば年齢的にも第2のビジネスステージを築けると考え、希望退職に応募。
■参考事項 ❹
工場見学者の案内、消費者相談の業務を通して接客術を身につけてきました。営業経験はありませんが、お客様の立場になって商品説明をする自信はあります。心機一転、新しい職場でこれまで培ってきた能力を発揮したいと思います。

ポイント　**❶Eメール・アドレス**…PCや携帯のメールアドレスを記入。いつでも連絡を取れる態勢であることをアピールする。**❷業務内容**…業務内容を列記して経験をアピール。強みだと考えられる経験があれば、より具体的に説明すると説得力が増す。**❸退職理由**…人生設計をしっかり考えての決意であることを説明。新しい職場への覚悟も表せば好印象を得る。**❹参考事項**…業務内容の強みをアピールし、志望動機につなげる。

営業職

38歳 女性

販売員としての実績をアピール

例125

職務経歴書

令和○年○月○日現在
田中美佐江 (田中)（38歳）

希望職種　営業
最終学歴　春秋短期大学英文科卒業
職務経歴 ❶

平成16年4月　株式会社プラム化粧品入社
《会社概要》
昭和35年創業　化粧品メーカー
令和2年度実績　売上480億円　従業員数626名
平成16年5月　西東京販売部に配属　△△デパート担当
平成21年4月　北関東販売部に異動　◇◇駅ビル担当
平成29年4月　城東販売部に異動　○○○デパート担当
令和３年9月　株式会社プラム化粧品退社

実績

業務内容　デパート、駅ビル内にある販売店で化粧品を販売。
実　　績　平成18年：年間ベスト売上賞
平成28年：月間売上3カ月連続トップ（4～6月）
●城東販売部での個人売上実績（平成29～令和3年度）❷

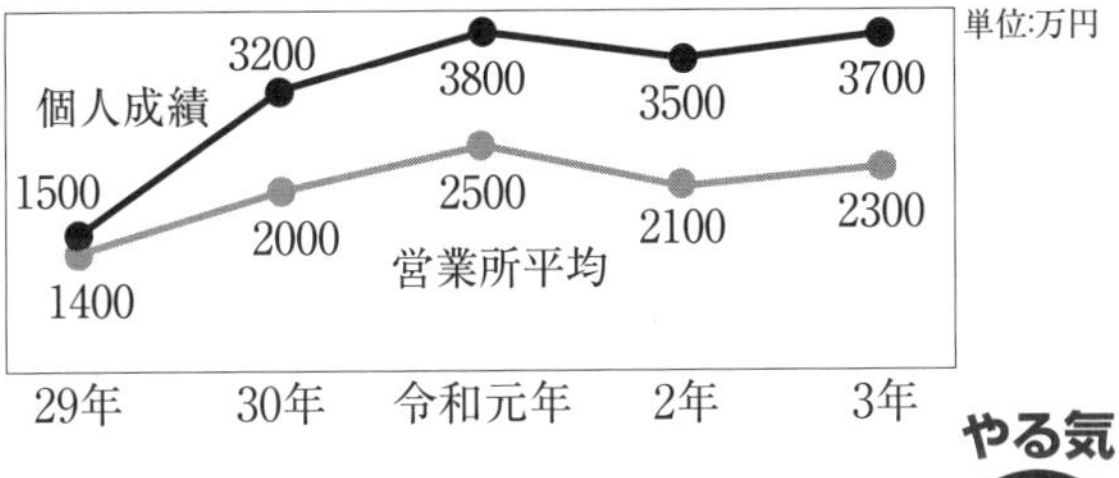

スキル

やる気

免許・資格　普通自動車一種免許取得（平成14年）
メイクアップスクール卒業（平成30年）

■志望動機 ❸

お客様の世代が固定している売り場から、より幅広い世代のお客様が来られる売り場でこれまでの実績を活かしたいと転職を考えました。貴社はディスカウントショップということでお客様層は、10代から60代まで幅広く、また活気ある職場であることから志望しました。

ポイント　❶**職務経歴**…会社概要、業務内容は具体的に説明。❷**実績**…直近の販売成績を数字で表す。折れ線グラフなどで見やすい工夫をする。❸**志望動機**…退職理由と志望動機をまとめ、向上心をアピールする。

技術職の職務経歴書の書き方

実務実績をしっかりアピールする

企業は技術者に高い専門性を求めます。ハイレベルな実務経験をこなし、高い技能を身につけていれば、ぜひ欲しい人材です。そんな企業に応えるためには、職務の変遷より職務の内容を的確に伝えられるキャリア式の職務経歴書を作成しましょう。加えて、編年体で経歴の流れを入れると、理解しやすくなります。

たとえば、建築設計者であれば、どんな物件を手がけ、売上（数字）はどうだったか、どのように評価され、その後の受注件数はどのくらい伸びたかなど。表や図を使って数字でアピールします。

技術力だけではないヒューマンスキルも必要

企業は、技術力と同様に、コミュニケーション力やマネージメント力などの人間力も求めています。いくら優秀でも、同僚と協調できないタイプ、ご都合主義タイプは敬遠します。

そこで、自己PR欄を設けて、人間力を証明する具体的なエピソード、自分の強み、将来の展望などを盛り込むとよいでしょう。専門的な知識だけでなく、企画・提案力、コミュニケーション力もあることをしっかりアピールします。

技術職の必須項目

仕事の内容	研究、開発、加工など。仕事の内容を説明する。
製品･作品	開発にかかわった製品、建造物などの作品の特長や評価。
成果	製品･作品の売上と、会社への貢献度を具体的に示す。
資格	仕事に必要な取得資格をすべて明記。
所属学会･グループ	企業、大学で関係した学会やグループ名を書く。
特許･実用新案	個人、団体で取得した特許を列記。

技術職
50歳 男性
建築士での実績をアピール

例126

職務経歴書

令和○年○月○日現在
川田良夫　川田（50歳）

■希望職種　建築設計技術者
■応募資格　建築施工管理経験28年
一級建築士（平成9年）
■職務経歴 ❶
平成６年4月　太平建築株式会社入社
施設建築グループ配属
学校・図書館・体育館などの施設建築の設計から管理までを担当。同時進行で東京・千葉を中心に4～5件の現場を担当する。

平成21年4月　住宅建設グループ配属
大型施設より一般住宅の設計を希望し異動。一般住宅の新築・リフォームの設計を担当する。
令和３年1月　自己都合により退社

❷ **■表彰**　団体として「日本建築学会賞」受賞（平成12年）
個人作品で「UIAゴールドメダル」受賞（平成20年）

❸ **■志望動機**　古民家を再生するための設計に興味をもち、直近の作品には地方の古い住宅のリフォームに力を入れてきました。日本建築のよさを後世に伝える貴社の理念に打たれ、造園も含めた日本家屋の設計に携わっていきたいと考え応募しました。

■設計実績 ❹

年	設計施工件数	売上
令2年	22件（池端邸新築1億5000万円ほか）	7億3000万円
令元年	15件（金田邸改築5000万円ほか）	3億8000万円
30年	18件（加藤邸新築8000万円ほか）	4億5000万円
29年	20件（佐藤邸新築6000万円ほか）	3億9000万円
28年	17件（堂崎邸改築4500万円ほか）	2億6000万円

ポイント　**❶職務経歴**…業務内容を具体的に説明。**❷表彰**…表彰を受けた作品があれば列記。実績として認められる。**❸志望動機**…発展的な退職理由を述べ、求人に応募した理由もしっかりアピールしてやる気を示す。**❹実績**…数字で実績を表すと理解されやすい。キャリア式で整理すればわかりやすい。

食品関係の研究成果をアピール

職務経歴書

例127

令和○年○月○日現在
豊田邦夫 豊田 (36歳)

希望職種　商品開発
応募資格　食品業界歴14年 ❶
管理栄養士資格取得（平成22年）
食品衛生管理者資格取得（令和2年）

スキル

職務経歴 ❷

平成20年4月　株式会社あおい食品入社　商品開発部に配属
農業大学でバイオ化学を専攻。入社後は糖尿病患者向けの食品研究・開発に携わる。

実績

令和２年12月　病院の食の現場で実践を経験するため退社。
令和３年現在　○○病院勤務

■株式会社あおい食品概要

昭和35年薬品メーカーの食品部門として創設後、昭和50年独立。健康食品を製造･販売。業界2位の売上実績。年商600億円(令和2年度)。

研究・開発実績 ❸

平成21年4月～26年3月	△△病院の成人病担当医と糖尿病食を研究。
平成26年8月	糖尿病食「カロリーオフシリーズ」を開発。同年12月から商品化。
平成27年1月～29年3月	○○病院の小児科担当医と共同で小児向け糖尿病食を研究。
平成29年4月～令和2年10月	介護施設向け健康食の研究・開発。老人向け「おたっしゃシリーズ」開発。令和3年3月から商品化。

志望動機 ❹

これまで医師と連携しながら食事制限のある方々の食生活に寄与したいと、研究・開発をしてきました。今後は、もっと手軽に、安心して量販店でも買うことができる商品を開発したいと応募しました。現在、病院勤務ですが、3月に退社予定です。

人柄

ポイント　**❶応募資格**…取得資格は、別枠を設けてもよい。**❷職務経歴**…簡潔に流れがわかるようにまとめる。**❸研究・開発**…業務内容として、携わった研究・開発について具体的に説明。商品化されたものに関しては商品名も入れるとアピール力がアップする。**❹志望動機**…経験をバネに、目標に向けてステップアップしたいという意気込みをアピールする。

技術職

30歳 女性

電気主任技術者の経験をアピール

例128

職務経歴書

令和○年○月○日現在
高橋真由美 高橋 (30歳)

希望職種　ビル保安課
応募資格　変電所勤務歴8年 ❶
　第一種電気主任技術者資格取得（平成23年）

スキル

最終学歴　湘南大学電気工学科卒業（平成21年3月）
職務経歴 ❷

実績

平成26年4月　多摩電力株式会社入社
西多摩変電所に配属
変電所の工事・保守を担当。
大学で電気工学を専攻し、電力会社への就職を希望。
発電所・変電所の受電設備で専門性を活かした仕事に就く。女性が少ない職場の中でも、電気を安全に送る仕事に誇りをもつ。

平成29年4月　東部神奈川変電所に異動。
電気主任技術者として現場の工事・保守を監督。
入社時から電気主任技術者資格取得のための勉強を始める。平成17年に資格を取得し、平成20年から電気主任技術者として勤務。受電施設の保守・管理がしっかりしていなければ、世の中に電気を送れない重要な仕事であるとあらためて感じる。迅速に・正確にをモットーに仕事を遂行。

やる気

令和3年9月　電気主任技術者としてビルの管理の仕事を望み、退社。

■多摩電力株式会社概要
西関東一円に電力を供給する電力会社。年商849億円（平成27年度）。

志望動機 ❸
発電所から近い中継地点で業務を行ってきました。そこからもっと身近なビルの中に新しいステージを確立したいと思い応募しました。現在、電気通信工事担当者資格取得に向け、通信講座で勉強中です。男性が多い職場を経験してきたため、ハードな環境にも適応できます。

ポイント　**❶応募資格**…業務に関連する取得資格をアピール。**❷実績**…配属先でどのような業務に携わったのかを具体的に書く。その中に業務に対する意欲を表せば、評価は高まる。**❸志望動機**…ステップアップを志して転職することをアピール。新しい資格取得を目指していること、厳しい環境でも適応できることにもふれて意欲を示そう。

販売・サービスの職務経歴書の書き方

自分ならではの具体的な販売内容をアピール

営業職と同様に、どんな商品を、だれに、どのように売って、どんな成果を上げたかをアピールします。販売実績の数字が目立つように工夫し、商品に対する知識やセールストークなどを示せるエピソードを紹介するとよいでしょう。

店長やマネージャー経験者の場合、経営者的視点から、販売システムの改善や人事管理の実績などもアピールしたいところです。加えて、お客様やスタッフの心をつかむためにどんなことをしたのか、というエピソードも紹介すると評価が上がります。

前勤務先の批判は厳禁

チェーン店は、統括本部からの指示を受け、全国ほぼ同じスタイルで営業することが多いもの。その中で売上を伸ばしていくためには、現場の店長・スタッフの工夫が重要です。

しかし、自分なりの工夫ができる人ほど、本部と違った方針で動く傾向があります。それをストレートに書けば、協調性のない人物、と評価されます。本部からの指示をこう理解し、こんな工夫をしたという表現がいいでしょう。

販売・サービス職の必須項目

取扱商品	衣料、本、家電など扱った商品と販売形態。
販売実績	在籍した店舗の売上･利益と、本人の貢献度。
顧客対象	どんな顧客が多かったかを書く。
管理経験	店長などの管理職経験者であれば、部下の人数や管理内容を書く。
モットー	心がけている接客マナーや管理に対するモットー。

居酒屋チェーン店での店長経験をアピール

販売・サービス職 34歳 男性

例129

職務経歴書

令和○年○月○日現在
青木健二 (青木) (34歳)

希望職種 店長候補

応募資格 居酒屋店長経験5年 ❶ スキル
調理師免許取得（平成21年）
フードコーディネーター2級資格取得（平成30年）

職務経歴 ❷

平成19年4月 居酒屋「ちろりん村」に入社
関東一円に150店舗の居酒屋を経営する外食企業。
グループ店に「やさい屋」「豆腐屋」がある。

実績

期間	店舗	役職	月間ノルマ達成率
19年4月～22年3月	浦和店	店員	110%
22年4月～25年10月	赤羽店	店員	115%
25年11月～29年2月	池袋店	副店長	90%
29年3月～令元年5月	大宮店	店長	120%
令元年6月～2年3月	蕨店	店長	105%
令2年4月～3年9月	板橋店	店長	125%

転職理由 ❸

店長になってスタッフにも恵まれ、1年目からノルマを達成することができた。しかし、外食産業が下火になったため規模縮小のため希望退職に応じる。

志望動機 ❹

和食を中心とした居酒屋店で調理の技を磨き、スタッフ5～10名を抱えて店長経験もしてきました。経営ノウハウも修得し、将来は小さい店を構えるのが夢です。そのためのスキルアップの場として、顧客年齢層が高い貴店に応募しました。

やる気

ポイント ❶**応募資格**…希望職種に必要な経験、取得資格をアピール。❷**実績**…店の売上や利益など、実績となる数字を書く。❸**転職理由**…店の批判、スタッフとの不仲を連想させる内容は厳禁。❹**志望動機**…部下の人数や管理スタイルなどを書いて、管理経験をアピールする。また将来の夢なども書けば、前向きな姿勢が評価される。

電器量販店での経験をアピール

例130

職務経歴書

令和○年○月○日現在
高田俊夫 高田 （41歳）

希望職種　パソコン販売

応募資格　電器量販店販売・バイヤー歴22年
パソコン担当14年

職務経歴 ❶

平成11年4月　電器量販店コスモスに入社
秋葉原店に配属　家電売場等を担当。

平成15年4月　コスモス秋葉原店　音響売場長

平成18年7月　コスモス渋谷駅前店に異動　副店長
パソコン売場の強化に努める。

平成20年7月　コスモス渋谷駅前店店長
全35店舗中、パソコン年間売上トップ店となる。

令和３年4月　首都圏リーダー 地区5店担当

パソコン販売実績（対前年比）❷

実績

年度	売上	前年比
平成28年	4,000万円	105%
平成29年	4,800万円	120%
平成30年	5,000万円	104%
令和元年	6,500万円	130%
令和2年	7,400万円	113%

管理経験 ❸

売場長として3名、店長としては20名の部下をマネジメント。常に売場に立ち、部下にケーススタディを示して指導してきた。
首都圏リーダーとして5店舗をマネジメント。経営面からの指導に徹し、売場に立つことが少なくなる。

志望動機 ❹

店舗のマネジメント業務を任されて以来、売場に立つことも少なくなりました。パソコン販売の経験を活かし、専門店の売場に立って販売をしたい気持ちが強く応募しました。

やる気

ポイント　**❶職務経歴**…担当した売場、立場を明確に示す。**❷販売実績**…具体的なデータで販売実績をアピール。売上の前年比が販売力を裏付ける。**❸管理経験**…マネジメント力をアピールするため、部下が何人いたかを数字で表す。**❹志望動機**…より専門性の高い店舗で販売力を活かすなど、積極的な姿勢が大切。

健康食品セールスの人脈と実績をアピール

例131

職務経歴書

令和○年○月○日現在
石田由美 (38歳)

希望職種　化粧品販売
応募資格　訪問販売：健康食品、サプリメント11年

職務経歴 ❶

平成14年４月	未来商事株式会社入社　宇都宮支社に配属
平成19年10月	結婚のため退社
平成21年９月	あけぼの健康食品株式会社に入社 業務内容：栄養食品、サプリメントの訪問販売 担当地区：北関東（栃木・群馬・茨城）
令和２年８月	あけぼの健康食品株式会社退職 退職理由：営業担当地域が拡大。地域密着型のビジネスに専任したいがため。

販売実績 ❷

平成24～27年	新製品キャンペーン：4年連続前年比130%の売上を達成
平成29年	年間売上6,500万円。トップセールス5名に選ばれる。

自己PR ❸

専業主婦には満足できず、求職活動をしていたときに訪問販売の仕事に出合い、11年のキャリアを積んできました。健康食品の仕事をしている中で、貴社の自然化粧品に巡り合いました。健康食品愛好者のお客様の多くは、化粧品にもこだわりがあります。あけぼの健康食品㈱で2万5千名の顧客を担当していたこともあり、ぜひ、貴社の製品を販売したいという思いが強くなりました。

やる気　　実績

ポイント　**❶職務経歴**…再就職後がメインとなるため、それ以前の職歴は詳しくなくてよい。**❷販売実績**…具体的な売上を数字でアピール。トップセールス、社長賞などに選ばれた実績も高く評価される。**❸自己PR**…これまでの販売活動の中で培ってきた人脈の多さ、商品に対する熱意をアピールする。顧客の志向なども分析し、販売力が期待できる内容にまとめる。

事務職の職務経歴書の書き方

経験した業務内容が実務実績に

　事務職は、仕事の成果を数字で具体的に示すことが難しい職種です。どんな仕事を、どんな立場で仕事にかかわってきたかが実績になります。たとえば、「社会保険実務」や「年次決算」を経験したかどうかで評価が分かれます。経験した業務を具体的に明記し、幅広い実務経験をアピールすることが大切です。

　しかし、ただ羅列するだけでは関心をもたれません。株式関係、設備、社会保険、不動産、車輌などグループごとに整理して表などで見せるとわかりやすいでしょう。

仕事のアイデアや工夫がアピール度を高める

　業務内容に加えてアピール材料になるのが、アイデアや工夫です。たとえば経理であれば、業務改善効率化のために「伝票の書式を改善。3枚チェックしなければならなかったところを、1枚ですむようにして事務処理を効率化した」など。総務であれば、「昼休みの消灯運動を提案」「ゴミ20%削減のために社内リサイクルを提案」などです。

　事務職は日常の業務に終始しがちなため、戦略的な思考やプレゼンテーション力を示すエピソードは、仕事に前向きな姿勢が評価されます。

事務職の必須項目

実務経験	これまで担当した業務内容を具体的に説明する。さらに、提案したことが実行された事例も紹介する。
効率化・省力化	事務職のテーマである効率化・省力化に対する実績をアピールする。
資格	仕事に関連する取得資格を列挙する。
OA機器	使える機種、OS、アプリケーションを明記する。

事務職
33歳 男性

経理マンとしての実績をアピール

例132

職務経歴書

令和○年○月○日現在
土井和夫 （土井）(33歳)

希望職種　経理
応募資格　経理11年経験
職務経歴 ❶

実績

年月	略 歴	経理実績
平成23年4月	㈱花形自動車経理部経理課に入社	請求書・領収書の発行、仕訳伝票起票、売掛・買掛金のチェック、取引銀行との事務取扱、小切手・手形の発行
平成27年4月	経理部経理課主任に就任	年次決算業務、取引銀行との交渉、月次決算・記帳計算・小切手・手形発行のアンカーチェックなど。
平成30年4月	経理部経理課係長に就任	年次決算チームのリーダーとなる。業務拡大に伴う経営分析の見直しを行い、営業費の10%削減に成功。❷
令和2年4月	経理部経理課課長に就任	経営管理の責任者となる。会計ソフト導入により、月次決算のスピードアップを図る。❸
令和3年9月	㈱花形自動車を退職	〈退職理由〉 業界の不振による将来性を考慮。企業の経営管理および経理のスキルアップをめざして転職を決意した。

志望動機 ❹
メーカーの経理マンとして経理全般の知識を身につけてきました。経営分析などの業務にも携わり、経営管理の経験もあります。この12年のキャリアを活かしながら、異業種の経理のキャリアも身につけたいと貴社に応募しました。

ポイント　❶**職務経歴**…実務が一目でわかるようにする。❷**業績**…実務より業績を上げたときは数字で示すことで評価される。❸**自己PR**…コンピュータ会計ができることを示し、経理能力を高くアピール。❹**志望動機**…専門性が高い職種でもあり、キャリアアップにつなげる内容にまとめれば説得力が高い。

やる気

Uターン就職への意欲をアピール

例133

職務経歴書

令和○年○月○日現在
木村順一　木村　(30歳)

希望職種　総務
応募資格　総務経験8年
職務経歴 ❶

平成26年4月　ひかり事務機株式会社入社
湘南工場総務部総務課に配属
年間行事、業務計画の作成。工場経費予算立案、工場見学者案内、防災訓練立案、車輌管理、慶弔など。

平成29年4月　総務部施設課に配属
電気工事発注、消防責任者、植栽管理、外壁工事発注など。

令和２年4月　本社総務部総務課に異動
新年度経営計画の準備・策定。新卒向け会社説明会の開催（告知・PR方法の見直し）
現在に至る。

取得資格 ❷

スキル

乙種消防設備士（平成27年）
第二種電気工事士（平成30年）
商業施設士（令和元年）

○○県へのUターン理由 ❸

父親が脳梗塞で倒れたため、母親と一緒に介護をすることを決め、実家に戻ることにしました。

総務全般、施設管理の業務を経験し、○○県を中心に△△地方で多店舗展開をされている御社の戦力となりえると思います。けっして長いキャリアではありませんが、経験は人一倍積み重ね、今後も業務関連の資格も取得していきたいと考えています。

なお、父親は小康状態を保ち、日中は母親と介護士に任せられるので業務に支障はないと思います。

ポイント　**❶職務経歴**…業務内容がわかるように具体的に示す。**❷取得資格**…総務の業務に関連する資格は多く、実務能力をアピールするためにも、取得した資格はすべて書く。**❸Uターン理由**…前向きな理由を書く。これまでのキャリアをアピールすることも忘れずに、地元に貢献したいという気持ちを前面に出す。

事務職

42歳 女性

家庭から職場への復帰をアピール

例134

職務経歴書

令和○年○月○日現在
加藤啓子　加藤　(42歳)

希望職種　総務

応募資格　総務経験7年

職務経歴 ❶

平成10年4月　株式会社かもめ食品入社
本社総務課に配属
電話対応、顧客リスト管理、年間行事立案、慶弔など。
平成16年11月　結婚のため株式会社かもめ食品退職
平成22年　パソコン検定2級合格
平成23年～　あけぼの不動産（自宅アルバイト）
不動産関係の書類作成
平成26年　司法書士試験合格
現在に至る

職務経験 ❷

㈱かもめ食品退職後、専業主婦をしていましたが、自治体のパソコン教室に通ってパソコンの技術を習得。パソコン検定2級に合格し、その技術を活かして友人の親が経営するあけぼの不動産の書類作成のアルバイトを始めました。

そのうちに司法書士の仕事に興味をもち、アルバイトも続けながら勉強し、平成21年に司法書士試験に合格。現在は、子育てもひと段落し、再び企業で働きたいと思い貴社に応募しました。

自己PR ❸

家庭に入ってからは、資格を取得したりアルバイトをして、常に社会と接してきました。子育てというたいへんな仕事もありましたが、周囲のみなさんに助けられて今日までできました。その間に取得した資格を活かし、再び社会に出てキャリアを積んでいきたいと思います。

ポイント　❶**職務経歴**…業務内容を具体的に示す。退職後のアルバイト経験や資格取得も明記するとアピール力が増す。❷**職務経験**…退職後の経験を明記。再就職までの流れがわかるように書く。❸**自己PR**…仕事に対して積極的な姿勢をアピール。子育て経験もプラス要素にする。

専門職の職務経歴書の書き方

これまでの仕事内容を具体的に示すことが大事

企業は専門職に対し、「どんな企業にいたか」ではなく「どんな仕事をしてきたか」を問いたいのです。転職をくり返していても、その経験が有利になることも。ただし、あくまでもスキルアップのための前向きな転職であることを説明します。

コピーライター・デザイナー・カメラマンなどは、作品を添付して実力をアピールしましょう。看護師・理学療法士などの医療関係者、理容・美容・調理などの専門職の場合は、職歴・資格のほかに、仕事に対する信条をアピールすると説得力をもちます。

経験やスキルのほかに人間力も求められる

専門職は経験やスキルがもっとも大きなアピールポイントです。しかし、職業・立場によっては、折衝・調整力も重要なポイントになります。そのため、コミュニケーション力・マネージメント力・プレゼンテーション力などの人間力も重視されます。

そこで、職務経歴書の中の実績欄に、各仕事でどんな役割を果たしていたのかを明確に伝えることが大切です。また、特に出版や広告業の場合は、得意分野や経験の範囲を明確にさせましょう。

専門職の必須項目

作品	作品、写真、企画書などを添付する。
実績	かかわった仕事の内容と会社にもたらした利益を具体的に示す。
資格	仕事に必要な取得資格を書く。
アイデア	持ち込みたい企画や提案があれば企画書にして添付する。
OA機器	経験のあるOSやソフトを書く。

専門職 49歳 男性 社会保険労務士の資格と実績をアピール

例135

職務経歴書

令和○年○月○日現在
高田啓太 高田 （49歳）

希望職種 人事
応募資格 総務経験6年、社会保険労務士21年
略歴 ❶

平成7年 株式会社日の出鉄鋼入社。総務部総務課配属。
平成12年 本社総務部人事課異動。福利厚生業務を担当。
平成17年 株式会社日の出鉄鋼退職。
　スミレ食品株式会社入社。総務部人事課配属。
平成24年 スミレ食品株式会社退職。
　池田社会保険労務士事務所就職。
　現在に至る

実績

職務経歴 ❷

（平成7～12年） 総務	顧客リストの管理、採用スケジュール、募集手続き、採用試験要領の作成など。 ・社会保険労務士資格取得(昭和63年)
（平成12～17年） 人事課・福利厚生	厚生年金保険、健康保険、労災保険、雇用保険などの手続き。
（平成17～24年） 人事課・要員管理	人員計画の立案、労務構成の是正、派遣労働および外注の見直しなど。 ・主に社会保険労務士としての仕事をする。
（平成24～） 社会保険労務士	25法人の労働社会保険に関する書類作成、帳簿書類の作成事務、労務管理・労働社会保険に関する相談業務を行う。

やる気

自己PR ❸

企業内、社会保険労務士事務所を通して21年社会保険労務士として業務を行ってまいりました。現在は、25社のコンサルティングをし、様々なケースを取り扱っております。この経験は組織の中でこそ活かせると考えるしだいです。

ポイント **❶略歴**…これまでの職歴を略して明記。職歴を別枠で書くことで、全体の流れがつかみやすい。**❷職務経験**…専門性をアピールするために、各職場での業務内容を具体的に書く。また、表組みにすれば読みやすく、理解されやすい。**❸自己PR**…社会保険労務士としてのキャリアをアピール。積極的な姿勢を示し、説得力をもたせる。

職務経歴書

例136

令和○年○月○日現在
向井幸子 向井 （30歳）

希望職種　編集
応募資格　編集経験8年
職務経歴

平成26年　　ユイ編集プロダクション入社
（従業員：20名　資本金：2000万円）
平成28年10月　会社都合により退職
平成29年3月　曙メディア株式会社派遣　出版事業部に配属

実績

職務経歴 ❶

期間	作品	クライアント
平成26年5月〜27年3月	月刊誌「旅」の特集ページ（8ページ）の企画・編集	若葉出版編集部
平成27年8月〜28年8月	「週刊読み物」の広告記事ページの企画・編集	株式会社あさひ（広告代理店）
平成29年3月〜現在	月刊誌「教育」編集（社内担当2名）単行本:実用書の企画・編集	曙メディア

スキル

使用コンピュータ ❷

マシン	OS	DTPアプリケーション
Macintosh HPXXX	Mac OS X Windows 10	In Design Illustrator Photoshop

やる気

自己PR ❸

編集プロダクションが倒産。その後、クライアントだった曙メディアの担当者に誘われ、現在派遣社員として編集業務を行っています。時間が不規則な編集の仕事ですが、その中でもスケジュール管理・スタッフとのコミュニケーションを重視。そこから人脈も広がり、編集者としての財産となっています。

ポイント　**❶職務経歴**…作品をわかりやすく列記する工夫が大切。かかわった期間、クライアント名も忘れずに。**❷使用コンピュータ**…いまやクリエーターにとってコンピュータは必須条件。使用経験のあるPCを特記する。**❸自己PR**…どんな経験を積んできたかがわかるようなアピールを。作品を添付してインパクトを与えることも大切。

専門職

40歳 女性

秘書としての経験をアピール

例137

職務経歴書

2021年○月○日現在
高山直美 (高山) (40歳)

希望職種 秘書

応募資格 秘書経験13年

職務経歴 ❶

2004年4月	東西商事株式会社入社 総務部総務課に配属。受付業務。
2009年4月	総務部秘書課に配属 常務付秘書。
2013年4月	総務部秘書課主任に昇格 専務付秘書。
2017年4月	社長秘書に任命され、現在に至る。

実務経験 ❷

役員のスケジュール管理、書類整理、資料整理、慶弔業務、来客応対、電話受付など、秘書業務全般。

取得資格 ❸

スキル

2003年10月　TOEIC760点
2007年4月　秘書技能検定試験準1級合格
2010年6月　パソコン検定2級合格

人柄

使用OS

Windows10（Word・Excel）

自己PR ❹

秘書という仕事は、役員の黒子のようなものです。社内の連絡を密にとり、多忙なスケジュールを管理しながら、時間のコーディネートをしなければなりません。その調整には苦労はありますが、1日が終わったときの充実感は、秘書冥利につきる思いがします。

ポイント ❶**略歴**…これまでの職歴を略して明記。職歴を別枠で書くことで、全体の流れがつかみやすい。❷**職務経験**…専門性をアピールするために、各職場での業務内容を具体的に書く。また、表組みにすれば読みやすく、理解されやすい。❸**自己PR**…秘書としてのキャリアをアピール。積極的な姿勢を示し、説得力をもたせる。

英文レジュメでアピール

指定がなくても英文レジュメを添付

外資系といっても形態は様々です。日本企業と変わらない会社もあれば、日本語がほとんど通用しない会社もあります。どちらに就職を希望しても、英文の職務経歴書「RESUME（レジュメ）」を添付したほうが有利でしょう。応募要項に指定がなくても、レジュメを提出すれば、積極的な姿勢をアピールできます。

レジュメは履歴書と職務経歴書を合わせたもので、1~2枚程度にまとめます。ポイントは、職務経歴書と同様にわかりやすく仕事歴を伝え、職務経歴書よりも簡潔にまとめることです。

実務能力をアピールし最後のチェックを忘れずに

外資系でも英語力だけで採用を決めるわけではありません。やはり、求めているのは能力と実績なので、英文レジュメの内容が重視されます。その中で、自分の実務能力が求めているレベルに達していることをアピールすることが大切です。

そして特に気をつけたいことは、スペルミスや表現ミスです。書き上げたら、可能であればネイティブの人にチェックしてもらうとよいでしょう。

英文レジュメの必須項目

個人情報	氏名·年齢·住所
希望職種	経験を活かしてどんな仕事をしたいのかを書く。謙遜した表現は自信のなさと受け取られるので禁物。
学歴	最終学歴のみを書くのが一般的。ただし、大学院卒業の場合は大学から書く。
職務経歴	社名、部署、在籍期間から書く。2社以上の経験がある場合は、新しい順に詳しく書く。
技能·資格	希望職種に活かせるもの。TOEICは点数、PCスキルはソフト名を記載する。

外資系企業の基本フォーマット

例138

RESUME

①Personal Data（個人情報）

Kazumi Kawakami
Date of birth: March 22, 1982
Address: X-X-X-987,Wakaba-haitsu
Kitamachi, Suginami-ku, Tokyo 168-0000
Phone: 03-6666-3333

②Desired occupational category（希望職種）
▲営業職・事務職・技術職・専門職など希望の職種を書く。

③Qualification for application（応募資格）
▲希望職種に対する経験と実績を書く。

④Education(学歴）
▲最終学校名・専攻・所在地など。大学院卒の場合は、まずは「大学院名」次に「大学名」の順で書く。

⑤Occupational history（職務経歴）
▲直近の経歴から逆年代順に書く。

⑥Skills（技能・資格）
▲ビジネスに関する能力・資格・免許などを書く。

【そのほかの項目】
⑦Language Ability（語学力）
⑧Awards（表彰）
⑨Hobbies & Sports（趣味・スポーツ）
⑩Social Activities（地域活動）

転職のカギ

転職を成功させるステップ

現在の会社を辞めたいから辞めるでは、あまりにも無計画。転職を成功させるにはそれなりのステップがあります。雇用保険の失業給付と求職のためにハローワークに行くことから。

①ハローワークに行く

雇用保険の失業給付の申請とともに、求人情報を入手しにハローワークに行く。

②求人情報の入手

ハローワークのほか新聞広告、求人雑誌、人材紹介機関など広く求人情報を集める。

③目指す企業・業界の研究

未経験の業界を目指すなら業界の研究を。当てのある企業があればホームページなどで研究を。

④電話での問い合わせ

応募要項を見て質問があれば、電話で問い合わせる。ていねいな言葉づかいを心がける。

⑤書類選考

履歴書・職務経歴書・添え状の３点を提出する。面接に進めるかがこの書類で決まる。

⑥面接選考

応募書類を参考に人事担当者などが質問する。１次・２次の面接が行われるのが一般的。

⑦内定

内定の知らせは電話で来ることが多い。入社の意思がかたまっていたら、早めに返事をする。

⑧入社

雇用条件など面接では聞きにくかったことがあればしっかり尋ね、納得してから入社する。

第5章

好感の持たれる添え状の書き方

履歴書・職務経歴書を送る際の添え状の印象が大事。
好感の持たれる添え状の書き方を解説します。

添え状　書き方

添え状で印象をアップさせる

社会人のあいさつ文としての役割がある

企業に書類を送付するときに、必要書類だけをポンと送るのは失礼です。このとき応募書類に添付するのが添え状です。

添え状には「これこれの書類をお送りしますので、よろしくお願いします」という「あいさつ文」としての役割があります。もともとは儀礼的な意味で添付した添え状ですが、現在は添え状も重要な書類のひとつです。

担当者がいちばん初めに目を通すのが添え状です。書き方ひとつで社会人としての常識や、礼節などの基礎能力をみられるため、決しておろそかにはできません。

自己PRをして印象をアップ

添え状のもうひとつの重要な役割は「自己ＰＲ」の場となることです。

添え状には、履歴書や職務経歴書に入れることができなかった生の声を書き込むことができます。

添え状は履歴書や職務経験をじっくり読んでもらうための予告編のようなものだと考えてよいでしょう。

そこで数字などの具体的なことを書くよりも、短いことばで熱意や心情を訴え、印象をアップさせるように努めることが大切です。

プラス面をアピール、マイナス面をカバーする

「自分はこういう人間なのでよろしく」というのが添え状です。資格・実績・技術など「これは」と思えるセールスポイントがあれば積極的にアピールします。一方、経験不足や年齢的な問題などの不安材料がある場合には、それを補う文章を書くことで、マイナス面をカバーします。

添え状はあいさつ文であると同時にいちばん人間性をみられる書類だといえます。履歴書や職務経歴書ではなかなか見せることのできない人柄や熱意、やる気など、自己アピールの場として活用したいものです。

添え状の役割

あいさつ状として

・社会人としてのきちんとした態度
・常識ある言葉づかい
・誠実な態度
・ビジネスレターとしての体裁

＋

自己PRとして

・自分の言葉でPR
・能力・熱意
・エピソード
・得意分野
・作品紹介

セールスポイントをアピールし、
マイナス面をカバーする

セールスポイント

・高学歴
・実績
・専門知識
・資格・技能
・留学経験
・関連講座の受講

マイナス面

・経験不足
・転職回数
・年齢
・健康

添え状 書き方

添え状の基本フォーム

読みやすく、すっきりした体裁を整える

本来の添え状は、縦書き便箋に筆か万年筆で書くのが一般的でした。

しかし、最近は添え状もビジネスレターの一種として考えられるようになったため、横書きでもパソコン書きでも通用するようになりました。

添え状の体裁では、何より「読みやすい」ことが大切です。

次にあげるようなポイントを押さえて、読みやすい文面に仕上げましょう。

担当者が整理しやすいように、履歴書や職務経験書と同じサイズ（大半はＡ４）にします。

あまり長々と書くのは禁物です。要点を絞り、一枚に納めるようにします。

心情を訴える手紙のひとつなので、言葉づかいは「です」「ます」調で統一します。

字が小さく詰まった文章は読みにくいので文字間隔をあけるようにします。

手書きの場合は楷書でていねいに書くことで好印象が得られます。ただし長文は読みにくいので、すっきりとまとめるようにします。

書類記入の際の注意点

添え状は、複数送る場合が多いので、左記のようなフォーマットを作っておくと便利です。

応募先に合わせて、日付、応募先、頭語、自己紹介、志望動機、面接の申し込みなどの順に記入します。

日付は、すべての事項を記入した最後に書き入れます。最初に入れると送付が遅れたときに日時のずれが生じてしまうので注意します。

応募先名は正式名称を記入します。略された企業名を書くと失礼に当たるので気をつけましょう。

自己紹介を書いたあとに志望動機を記入します。

頭語は省略せずに、拝啓からはじめ、敬具で終わるようにします。

添え状の基本構成

例139

①日付　令和○○年○月○日

③応募先名

株式会社丸美商事

総務人事課 田中英俊様

②住所・氏名

〒123-4567

東京都品川区品川1-2-3

佐藤 敬一郎　㊞

④表題

求職についてのお願い

⑤頭語・前文

拝啓　貴社ますますご清栄のこととお喜び申し上げます。

⑥書き出し文

2月12日の○○新聞で貴社が新規事業の不動産部門で営業部員を募集されていることを知り、早速応募させていただきました。

⑦自己紹介

私は○○建設の不動産部で5年間営業に従事してきました。

⑧志望動機

不動産の知識については精通しており、これまでの私の経験が充分生かせると思います。

⑨面接などの申し込み

履歴書及び職務経歴書を同封いたしました。ぜひご検討いただけますようお願い申し上げます。

⑩連絡先　03-1234-5678

⑪末文・結語

まずは取り急ぎお願い申し上げます。

敬具

採用される添え状のポイント

応募の経緯は具体的に書く

添え状は「冒頭のあいさつ」「応募の経緯」「自己紹介と自己ＰＲ」「採用検討のお願い」などによって構成されます。

冒頭のあいさつは「前略」などと省略せずに、時候のあいさつからきちんと書くようにします。定型文でよいので、社会人としての良識をわきまえましょう。

企業は複数の媒体に求人を出すため、応募の経緯を知りたがっています。そこで、どのような媒体で募集を知ったのか、新聞、雑誌、インターネットのサイト名などを具体的に記すようにします。

媒体名を具体的にあげて書くことは採用者側のニーズに応える意味でも重要です。

紹介者がいる場合には、紹介者の氏名をあげ、応募先との関係を明確にすることが大切です。

自己紹介はポイントを押さえて他書類との矛盾に注意

自己紹介や自己ＰＲは重要ですが、あまり長々と書くのは担当者を疲れさせるだけで逆効果です。

添え状はあくまで導入部です。具体的な内容は履歴書や職務経歴書に書きますので、ポイントを絞り、担当者の関心を誘う事項をピックアップして書くようにします。

最後に、内容が他の書類と矛盾していないかどうかをチェックします。

連絡先は明確に個人的な事情はＮＧ

採用の検討や連絡のお願いはしつこくならないように注意します。

「リストラをされたので」「受験期の子供をかかえて家計が苦しいので早く就職を決めたい」などの個人的な事情を前面に出すのはかえって担当者の印象を悪くするので、気をつけましょう。

連絡先は明確に記入し、電話番号、ファックス、メールアドレスなどがあれば文末に記入します。

添え状は4点で構成される

A
冒頭のあいさつ

拝啓

・貴社ますますご盛栄のこととお喜び申し上げます。

・貴社ますますご清祥のこととお喜び申し上げます。

敬具

B
応募の経緯

・新聞・雑誌（誌名・発行日時）
・テレビ（番組名・時間帯）
・就職情報誌（発行日時）
・紹介（紹介者氏名・当事者との関係）

C
自己紹介・自己PR

・スキル、実績
・未経験だが熱意がある
・年齢は高いが経験は豊富
・入賞作品
・資格
・関連講座の受講

D
採用検討･面接のお願い

・検討のお願い
・連絡先の明記
・面談のお願い

営業・技術職の添え状のポイント

営業職は実績をコンパクトにまとめる

営業マンの最大のアピールポイントは過去の実績です。職務経歴書では数字を使って具体的に示すことになりますが、添え状では、いちばん自信のある実績をコンパクトにアピールすることが大切です。

自分が関わったもののなかで高い評価を受けたものや、売上に貢献したものがあれば、具体的に製品名などをあげます。

「モノを売る」ことへの自信と自負をアピールする

営業職への添え状は、成功に至るまでの過程や、お客さまから喜ばれたエピソードなどの「生の声」を添えることで、インパクトが強い添え状になります。

業種はどのようなものであれ、営業では「モノを売る」ことが核となるので、売ることへの自信と自負を前面に出すようにします。文面から「やる気」が感じられ、職務経歴書をすぐに読みたくなるようなものがベストです。

技術職はスキルの高さをアピールする

技術職の場合はこれまでつちかったスキルの高さをアピールすることがいちばんのポイントになります。

経験が豊富な場合は添え状で触れておくことで、即戦力になることをアピールすることができます。

特に技術職は専門分野が狭くて深いため、自分が詳しい知識を持っている分野であれば積極的にＰＲするとよいでしょう。

製品開発などではどのような製品を作り出したのか、成果の過程を簡単に紹介しましょう。

技術職では分野によっては専門用語を使わないと仕事の内容の説明がむずかしい場合がありますが、添え状は手紙の一種なので、だれが読んでも理解できるように書くことが大切です。

営業に求められるもの

- 行動力
- 企画力
- 判断力
- 売る自信

例140

お客様からのお問い合わせには迅速に対応し、わかりやすいアドバイスを心がけてまいりました。その結果、お客様から高い評価を賜り、新製品の売上アップに貢献することができました。

具体的には履歴書、職務経歴書に記しましたが、お得意様を3年で2倍に増やし、売上を50%アップさせました。

■**採用される理由**：顧客第一主義の信条を語りながら、結果としての実績を数字でアピールしている。

技術職に求められるもの

- スキル
- 実績
- 資格
- マネージメント
- チームワーク

例141

テクニカルエンジニア（エンベデッドシステム）試験などの情報処理技術者の国家試験を取得しています。業務としては、制御装置の回路プログラミングの開発に8年間携わってまいりました。開発チームではチームリーダーとして、社員の意見をまとめる役割も果たしてまいりました。この経験をぜひとも貴社で生かしたく応募させていただきました。

■**採用される理由**：業務に役立つ資格をアピールし実績とマネージメント力をアピールしている。

販売サービス・事務・専門職の添え状のポイント

販売サービス職はお客様第一をアピール

接客が中心となる販売サービス業では、顧客への対応力があるかどうかが採用のポイントとなります。その根底にあるのは、お客様を大切に思う心です。

添え状では「こういうサービスをしたらお客様に喜んでもらえた」「お客様のためにこういう工夫をした」などの具体的な成功例をあげて、顧客第一主義のサービス精神を率直に訴えるとよいでしょう。

さらに、年齢が高い求職者の場合は、チームをまとめた管理能力の実績もアピール材料になります。

事務職は実務経験をアピールする

数字などでは成果を表しにくい事務職では幅広い実務経験をアピールすることが大切です。

添え状では実務経験の中から評価の高かったものをピックアップし、エピソードなどとともに書くと効果的です。

また営業などをバックアップする力となる事務職は、チームワークの良さも採用のポイントとなります。

協調性がある人物かどうかを問われるので、チームワークを優先し協調性があることをにおわせるとよいでしょう。

専門職は感性の良さをアピール

専門職も技術職と同じで専門分野でのスキルを問われます。専門分野ならではの経験や資格を持っていれば、積極的にアピールしましょう。

顧客から受けた高い評価などはエピソードとともに紹介すると注目されます。

クリエイティブな職業の場合は技術にプラスして感性がよいかどうかも採用のポイントになります。

コンテストなどで入賞した作品があればエピソードとともに紹介すると効果的です。

販売サービスに求められるもの

・顧客第一
・サービス精神
・マーケティング
・管理能力
・チームワーク

例142

売り場では、新製品やロングセラーの商品を色別でわかりやすく展示し、お客様から喜ばれました。また顧客カルテを作成し、お客様のお誕生日には手書きのバースデーカードをお送りしています。

■**採用される理由**：売り場での工夫とその結果を示し、サービス精神アピールしている。

事務職に求められるもの

・仕事への意識の高さ
・責任感
・協調性
・きちょうめん

例143

10年間総務部に在籍し、総務・人事・労務の仕事に従事してまいりました。総務ではリサイクル商品の導入を企画し、社内の文房具の見直しを図り、その結果経費を3%削減することができました。

■**採用される理由**：総務のプロとして経費節減に貢献した実績が示されている。

専門職に求められるもの

・スキル
・実績
・オリジナリティ

例144

在職中に表紙のデザインコンテストで銀賞を受賞いたしました。貴社への応募に際し、これまでの作品の主なものをカラーコピーでお送りいたしますので、よろしくお願いいたします。

■**採用される理由**：自分の作品を送ったことを添え状で案内している。

例145

営業職

32歳 男性

スーパーバイザーの実績をアピール

令和○○年○月○日

ブルーライク株式会社
人事部　金谷光男様

〒123-4567
東京都品川区品川1-1-1
田代啓太

実績

貴社の求人広告を拝見して

拝啓　貴社ますますご清祥のこととお喜び申し上げます。

さて○月○日付け△△新聞朝刊で「営業員募集」の貴社の求人広告を拝見し、応募いたしました。

私はコンビニエンスストアの大手チェーン「ファイブテン」に8年間勤務しており、ここでは主に商品の開発を担当しておりました。2015年にはオリジナルデザート「和の夢」という商品の全国展開を行い、その年の上位ヒット商品の3位に入賞し、売り上げ率アップに貢献することができました。

2018年には店舗のサポートグループに配属となり、スーパーバイザーとして従事することになりました。以後、新規オープンの店6店舗の立ち上げに関わってまいりました。

おかげさまでどの店も順調に売り上げを伸ばすことができ、販売店様からも喜ばれております。特にはじめて担当した店舗で、商品の陳列を工夫したことでお客様から「とても商品が買いやすくなった」と声をかけていただいたことが印象に残っております。仕事へのやりがいと自信がわいた瞬間でした。

大手レストランチェーンとして躍進中の貴社の一員として、私の知識・経験を生かしたいと考えたのが志望の動機です。

経歴の詳細は同封の履歴書、職務経歴書にあるとおりです。

ぜひ面談の機会をいただけますようお願い申し上げます。

どうかよろしくお願いいたします。

敬具

やる気

例146

営業職

28歳 女性

正社員へ初めてのチャレンジ

令和○○年○月○日

オーガ化粧品株式会社
人事部　千野達人様

〒123-5678
東京都立川市立川1-2-3
中野あやか

スキル

求人誌の広告を拝見して

拝啓　貴社ますますご清栄のこととお喜び申し上げます。

さて、○月○日発行の求職情報誌「ザ・就職」に掲載された貴社の募集広告を拝見いたしました。貴社の環境問題への取り組みや環境にやさしい商品へのこだわりにとても感銘を受けました。私は子どもの頃にアトピー体質だったため、環境問題にはとても関心があり、個人的に講習を受けて、勉強をしたこともあります。

貴社の経営方針と意義ある仕事内容をみて、ぜひ私も一員として携わってみたいと思い、応募させていただきました。

私は大学卒業後は、アパレルメーカーなどで、販売員のアルバイトをしていました。接客をするのが主な仕事でしたが、営業の方が忙しい時期にアシスタントをしたことがあり、外交的な営業という仕事にとても魅力を感じました。

これまで営業職としての経験や正社員の経験もありませんが、貴社の広告に「未経験でもやる気がある人」とあるのを拝見し、心を強くいたしました。

チャレンジ精神とやる気は誰にも負けないつもりです。

やる気

正社員としての採用をご検討していただければ幸いです。

経歴の詳細は同封の履歴書と職業経歴書をご高覧ください。

連絡先は下記の通りです。

連絡先　03-1234-5678

どうぞよろしくお願いいたします。

敬具

やる気

例147

技術職

40歳 男性

農機具の設計経験を生かしたい

令和○○年○月○日

株式会社ひかり重工
社長　山本孝之様

〒123-4567
東京都江東区江東1-2-3
粕谷敏文

やる気

求職についての面談のお願い

拝啓　貴社ますますご清祥のこととお喜び申し上げます。

さて、先日栄光建設の友部社長と面談しましたところ、栄光建設と取り引きのある貴社で建設機材の設計者を募集していると伺いました。

私は片山農機㈱で長年の農機具の設計の仕事に携わってまいりました。設計部のリーダーとして新製品の開発プロジェクトを立ちあげたり、顧客との折衝も数多くこなしてまいりました。しかし、昨今の不況のあおりを受けて設計部門が縮小されることになり、私も他部門への異動が打診されました。

私としましては、せっかくこれまで蓄えてきた知識や経験が生かせるところがないかと思案しておりましたので、今回の友部社長からご紹介を受けたお話には両手をあげて応募させていただいた次第です。

建設関係の設計でしたら、これまで私が培ってきた設計のノウハウや技術が必ずやお役に立てるものと思います。これまで手がけた製品の一覧は別紙にあげました。

ご都合をお知らせいただき、ぜひともご面談いただきたく存じます。

どうぞよろしくお願いいたします。　敬具

スキル

例148

技術職

33歳
女性

薬剤師の資格を生かしたい

令和○○年○月○日

医療法人 片野病院
人事部長　高橋信行様

〒123-4567
埼玉県春日市春日6-7-8
殿山裕子

医療スタッフ募集について

拝啓　貴社いよいよご隆盛のこととお喜び申し上げます。さて2月12日発行の求人誌「医療さいたま」において、貴院で薬剤師を募集されていることを知りました。

私は薬科大学で資格を取得後、○△製薬会社に入社しました。ここではじめは調剤の仕事に携わっていましたが、2年後に顧客管理部門に配属となり、薬の管理のほか、情報提供を担当するようになりました。ここで病院や薬局などから寄せられたお薬の質問に答えたり、病院や薬局向けの勉強会を企画しました。このときに患者さんの声を直接聞くことができ、薬の正しい知識を利用者の方にわかりやすく提供する大切さや、地域医療の重要さについて学びました。

その後、結婚を機に埼玉に住むこととなり、新たに就職を探していましたところ貴院のことを知りました。地域医療に力を入れ、医薬品の明確な情報提供でも実績のある貴院で、ぜひ私も薬剤師として働きたいと思っています。

履歴書、職務経歴書を同封いたします。
ご面談の機会をつくっていただければ幸いです。
どうぞ、よろしくお願い申し上げます。

敬具

例149

販売・サービス
55歳 男性

ホームセンターで大工の腕を生かしたい

令和○○年○月○日

株式会社中央ホームセンター
人事課　相場勝則様

〒123-4567
千葉県千葉市千葉1-2-4
持田靖男

実績

新聞の求人広告を拝見して

拝啓　貴社ますますご清栄のことお喜び申し上げます。さて×月×日付△△新聞で貴社の新聞広告を拝見いたしました。「家庭大工用品販売コーナー」の販売員募集とあり、自分の大工としての知識が活かせる仕事ではないかと拝察いたしました。

私は地元の工務店で30年間働いてまいりました。その間さまざまなお客さまのご要望を取り入れながら、お客さまが一生住まわれる家を建てることに大きな責任と誇りを感じてまいりました。長い間現場第一でしたが、ここ10年ほどは若手への指導と現場の統率などの仕事が中心になりました。新しい建材や技術について学ぶ必要性を感じ、仕事の終わった後で仲間たちと勉強会を開く機会も増えました。

最近では、現場に様子を見にこられるお客さまと会話をする機会も多く、その中で工法や建材などについてご質問を受けることもありました。明確にお答えできたときにはお客さまの信頼感を肌で感じることができました。

私は販売の経験はありませんが、お客さまのご相談にはとことん親身になることをお約束します。こちらの職場でなら私の現場での長年の経験や知識を生かすことができるのではないかと自負しております。

どうか同封の履歴書と職務経歴書をご高覧いただき、面接の機会を与えてくださいますよう、よろしくお願いいたします。

敬具

やる気

例150

販売・サービス 38歳 女性

手芸の腕を販売に役立てたい

令和○○年○月○日

チャイルドドリーム株式会社
人事部人事課　伊藤奈津美様

〒123-4567
東京都八王子市八王子町5-6-7
大野曜子

ハローワークの紹介を受けて

拝啓　貴社いよいよご隆盛のこととお喜び申し上げます。○月○日ハローワークにて貴社をご紹介いただきました大野曜子と申します。貴社で販売員を募集されていることを知り、さっそく応募させていただきました。私は高校卒業後○○百貨店に入社し、以来10年にわたり、おもに婦人服売り場で販売員として勤めてまいりました。28歳のときに出産を機に退職しましたが、販売の仕事は今でも自分の天職だと思っております。

子育て中に手芸の得意な方から手ほどきを受け、手作りのティッシュケースや袋物などをたくさん作りました。子ども会のバザーなどに出品すると大変好評をいただき、数時間で完売したこともありました。「とてもセンスがいいのね。来年も楽しみにしているわ」などとお褒めのことばをいただけると、嬉しくなり、また次もがんばろうという気持ちになり、自信にもつながりました。

貴社のコンセプトは「手作りのぬくもりを届ける」とありました。

私は手作りの良さを誰よりもわかっているつもりです。販売員としてのブランクはありますが、お客さまを大切にする心は今も昔も変わっておりません。貴社の一員として、私の知識や経験を活用していただければ幸いです。

応募書類をご披見のうえ、採用のご検討をたまわりますよう、よろしくお願い申し上げます。

敬具

人柄

事務職

31歳
男性

総務で合理化を進めた実績をアピール

例151

令和〇〇年〇月〇日

田島商事株式会社
総務部　野口仁様

〒123-4567
神奈川県横須賀市須賀1-2-3
荻野満

スキル

新聞の求人広告を拝見して

拝啓　貴社いよいよご隆盛のこととお喜び申し上げます。さて×月×日付××新聞で貴社の求人広告を拝見しました。「総務の経験者」とあり、運送会社の総務部で8年働いていた私にぴったりの募集であると拝察いたしました。

私が配属された当時は、書類のフォーマットが統一されていなかったため、書類の仕分けや整理などに大変時間がかかりました。そこで私は社内外で使う書類をフォーマット化し、いつだれが見てもわかりやすく、処理しやすいものに改善することを提案しました。企画書とアンケートを社内の者に配り、皆の意見を反映しながら、試験的なものを何回か繰り返しました。そしてようやくフォーマットを使いやすく統一することに成功しました。社内の評判もよく、お得意さまからも書類が見やすくなったとお褒めのことばをいただきました。この結果、支払業務の効率化や、利益のアップにつながったと自負しております。

これからも総務関係の道一筋で邁進していきたいと思っております。私の経験を貴社で活用していただければ幸いです。

同封の履歴書と職務経歴書をご高覧いただき、面接の機会を与えてくださるよう、よろしくお願いいたします。

敬具

やる気

例152

事務職
24歳
女性

結婚退職を機に転職を希望

スキル

令和○○年○月○日

株式会社三雲食品
人事部　大枝聡子様

〒123-4567
埼玉県草加市草加332
川上千尋

応募書類送付について

拝啓

貴社ますますご繁栄のこととお喜び申し上げます。さて×月×日付××新聞朝刊で「経理部員募集」の広告を拝見し、応募いたしました。私は短大卒業後アパレルメーカーで販売の仕事をしておりましたが、今年の春、結婚が決まり、通勤が不可能となったため、退社をいたしました。販売の仕事は時間が不規則のため、いずれは経理の知識を身につけ、転職に役立てたいと考えておりました。

これまでに経理での実務はありませんが、在職中に夜間の専門学校に通い、資格を取りました。もともと会計の仕事に興味があったので、肌に合っていたのか、比較的スムーズに資格を得ることができました。

簿記2級と珠算1級の資格を持っており、すぐにでも実践で役立てることができると思います。そのほか、PCはワード、エクセルを使いこなすことができます。PCに関しては前の職場でも顧客管理の際などに駆使しておりました。緊急時に対応を任されたときには、営業の方から「早くあげてくれてありがとう」とお礼を言われたことがあります。スピードと正確さには自信があります。

経歴の詳細は同封の履歴書と経歴書をご高覧ください。面談の機会を与えていただければ幸甚です。

どうかよろしくお願いいたします。　敬具

例153

46歳 男性

翻訳家としての実績をアピール

令和○○年○月○日

ダイヤ貿易株式会社
人事担当　田村浩一郎様

〒123-4567
東京都品川区品川3-2-1
中島 達也

求職についてのお願い

拝啓

貴社ますますご清祥のこととお喜び申し上げます。さて×月×日付××新聞朝刊で貴社の求人広告を拝見いたしました。「高度な語学力を有する方」という採用条件を拝見し、私が長年培った翻訳家としての能力が活かせるのではないかと応募いたしました。私は前の会社では商業部門で長年にわたり欧米向け商業書類の翻訳業務に携わってまいりました。

さまざまなビジネス専門用語が新出する世界では、初めは大変苦労しました。しかし、実践を重ねるうちに、多様なビジネスケースに対応できるようになりました。私の翻訳した書類がクライアントから高い評価を受け、商業誌に見本として私の翻訳した文章が掲載されたことがありました。同僚からも祝福され、このときは仕事にやりがいと喜びを感じました。

3年ほど前に㈳日本翻訳協会の「翻訳技能審査」を受験し、1級の認定を受けることができました。社会的にも一流と認められたことは大きな自信につながりました。

日々の翻訳業務の中で、国際ビジネスに必要とされる言葉の知識が身についたと自負しております。

グローバルにビジネスを展開している貴社で、ぜひ私も一員として活動の場を与えていただければ幸いです。

経歴の詳細は履歴書、職務経歴書と同封いたしましたので、ご高覧ください。

敬具

スキル

例154

専門職
38歳
女性

歯科衛生士として転職

令和○○年○月○日

神沼歯科医院
院長　神沼敏郎様

〒123-4567
千葉県船橋市船橋567
門田やよい

応募書類の送付について

拝啓　ますますご盛栄のこととお喜び申し上げます。このたび○月○日発行の求人誌「医療の泉」で貴医院が歯科衛生士を募集されていることを知り、さっそく応募書類を送付させていただきました。私は昨年の秋にこちらへ引越しをしてきましたが、以前は地域の歯科医院で5年ほど歯科助手をしておりました。先生が治療の際に必要な器具を手渡したり、患者さんの受付業務や医療事務の手伝いなど、補助的な仕事でしたが、歯科医院の全般的な仕事内容は把握することができました。助手の仕事をしているうちに、患者さんと直接コミュニケーションをとり、大切な歯を守る歯科衛生士という仕事に魅力を感じました。

助手の仕事を続けながら歯科衛生士の学校に通い、昨年国家試験に合格し、免許をとりました。

歯科衛生士の仕事は歯科診療に関する知識だけでなく、子どもやお年寄りに対する気配りが大切だと認識しております。

貴医院は、地域医療にも力を入れておられ、私の周りでも多くの方が治療に通われています。私も医療スタッフの一員として加えていただければ幸甚です。

経歴の詳細は履歴書、職務経歴書を同封いたしましたのでご高覧ください。

ぜひ面接の機会をいただけますよう、お願い申し上げます。

敬具

スキル

やる気

転職のカギ

中高年の仕事探しは人脈が最大の武器!!

求人広告を見ても35～40歳くらいを境に急に求人が減るのがわかります。給料も高めで、体力的にも下降気味な中高年は若い人より採用されにくいのは事実です。しかし、ベテランにはベテランの持ち味があり、その最大の武器が人脈です。これまでに築いた人脈の生かし方と、在職中に行いたい人脈の広げ方を見てみましょう。

●人脈の活用方法

①知人から就職情報を集める
同業他社の動向を尋ね、求人などの情報がないか確認する。

②就職の世話を依頼する
知り合いの会社で雇ってもらったり、就職の斡旋を依頼する。

③人脈をアピールする
面接で仕事に役立つ知り合いが多いことをアピールする。

●人脈の広げ方

①業界の会合には積極的に出席する。

②同窓会には積極的に出席し、恩師などとのつながりを保つ。

③親戚や知人の冠婚葬祭には望まれれば出るようにする。

④社内の上司・同僚と日ごろからコミュニケーションをよくしておく。

⑤社外の人脈を広げるために、セミナー、勉強会などに顔を出す。

⑥仕事とは直接関係のない趣味の会などにも出席する。

第6章

応募書類を送るときの注意点

応募書類を郵送するときの表書きの書き方や、封筒の選び方など細かい部分を具体的に解説します。

最終チェックは2度行うと安全

「最終チェック」は絶対欠かさない

「応募書類を書き終えたらひと安心」という人が多いと思いますが、この段階ではまだ70%です。いちばん大切な最終チェックが残っているからです。企業に応募書類を提出する前には、必ず書類の「見直し」をすることが大切です。

特に、誤字・脱字や、社名、担当者名の間違い、書類の不備といった初歩的なミスは命取りとなるので、注意が必要です。

見直しをする際のポイントは2度行うことです。

書き終えてからすぐに見直すことも大切ですが、すこし時間をおいてからもう一度チェックすることが重要です。

その際、必ず確認しておかなければならないのは、応募書類間で、きちんとつじつまがあっているかどうかです。卒業年次や退職理由などが書類ごとに違っていると担当者に不信感を与えることになるので、注意が必要です。

欠点やミスを発見するには

見直しのポイントは客観的な目線で読むことです。何度も読み返すうちに、目が慣れてきたり、思い込みが生じてミスを見逃してしまうことがあります。

これらのミスを防ぐためには次のような方法があります。

①音読をする

声に出して読むことで、黙読では気がつかない句読点の不具合や内容のわかりにくさなどもチェックすることができます。

②時間をおいて読み返す

提出までに時間があれば日にちをおいて何度か読み返します。できるだけ客観的に見ることでミスに気づくことがあります。

③他人に見てもらう

自分だけでは不安な場合は、家族などの第三者に読んでもらうのも効果的です。

最終チェックは4ステップで行う

①募集要項をチェック

- □ 提出書類はすべて揃っているか
- □ 応募先の名前に間違いはないか
- □ 送付方法や期日に間違いはないか
- □ 募集の職種や条件は希望と合っているか

②応募書類全体のチェック

- □ 履歴書の印鑑と写真はまっすぐか
- □ 紙に汚れやしわはないか
- □ 文字がつまって読みにくくないか
- □ 余白が多くバランスが悪くないか

③応募書類の細部をチェック

- □ 日付を入れ忘れていないか
- □ ふりがなを忘れていないか
- □ 表記は統一されているか
- □ 誤字・脱字はないか

④応募書類の内容をチェック

- □ 履歴書、職務経歴書、添え状の内容にくい違いはないか
- □ マイナスの印象を与える表現はないか
- □ セールスポイントはきちんとアピールできているか
- □ もっと簡潔に表現できる箇所はないか

常識的な届け方・送り方

応募書類を持参するときはマナーを大切に

募集要項に「書類は郵送のこと」とあったら必ず郵送します。相手も仕事があるので、持参すると迷惑になることがあります。

「郵送でも可」と書かれていたら、郵送するよりも本人が持参するほうが望ましいでしょう。

会社によってはその場で担当者が面接してくれることもありますし、会社を訪れることで、社内の雰囲気もわかるからです。

その際いちばん大切なのは事前に電話でアポイントをとることです。電話連絡もせずにいきなり訪れるのはかえって常識を疑われるので慎みましょう。

服装とマナーに気をつける

書類を持参するときには服装にも気をつけましょう。面接がない場合も先方の社員と直接会うことになるので、面接時と同様に礼儀正しい服装とマナーを心がけることが大切です。

書類を入れるための封筒は書類よりひとまわり大きめのものを選び、折らずに入れます。担当者に直接渡す場合には、表書きには何も書かなくてかまいません。糊で封をする必要もありません。

郵送の場合は日にちに余裕をもつ

応募書類を郵便で送る場合には、締め切りギリギリにならないように注意します。郵便事情なども考えて少なくとも締め切りの2～3日前には先方に届くように、余裕をもって投函しましょう。

書類を受け取る人事担当者は届く順に開封するのが普通なので、早めの書類のほうが印象も鮮明となるため有利だといえます。

また、締め切りギリギリに届いた書類は熱意を疑われるなど、何かと不利なので、早めの投函を心がけたいものです。

応募書類の送り方

①折らずに送る

・書類は折ったり曲げたりしないように送ります。
・封筒に入れるときは端が折れないように注意します。
・書類の下に厚紙を敷いて安定させます。

②ホチキスは使わない

・ホチキス止めはコピーに不便です。またほかの書類を傷つけることもあるので、閉じるときはクリップを使用します。

③書類の順番に注意する

・書類は手前から①「添え状」②「履歴書」③「職務経歴書」の順番になるように重ねます。上下、表裏を注意して封筒に入れます。

例155

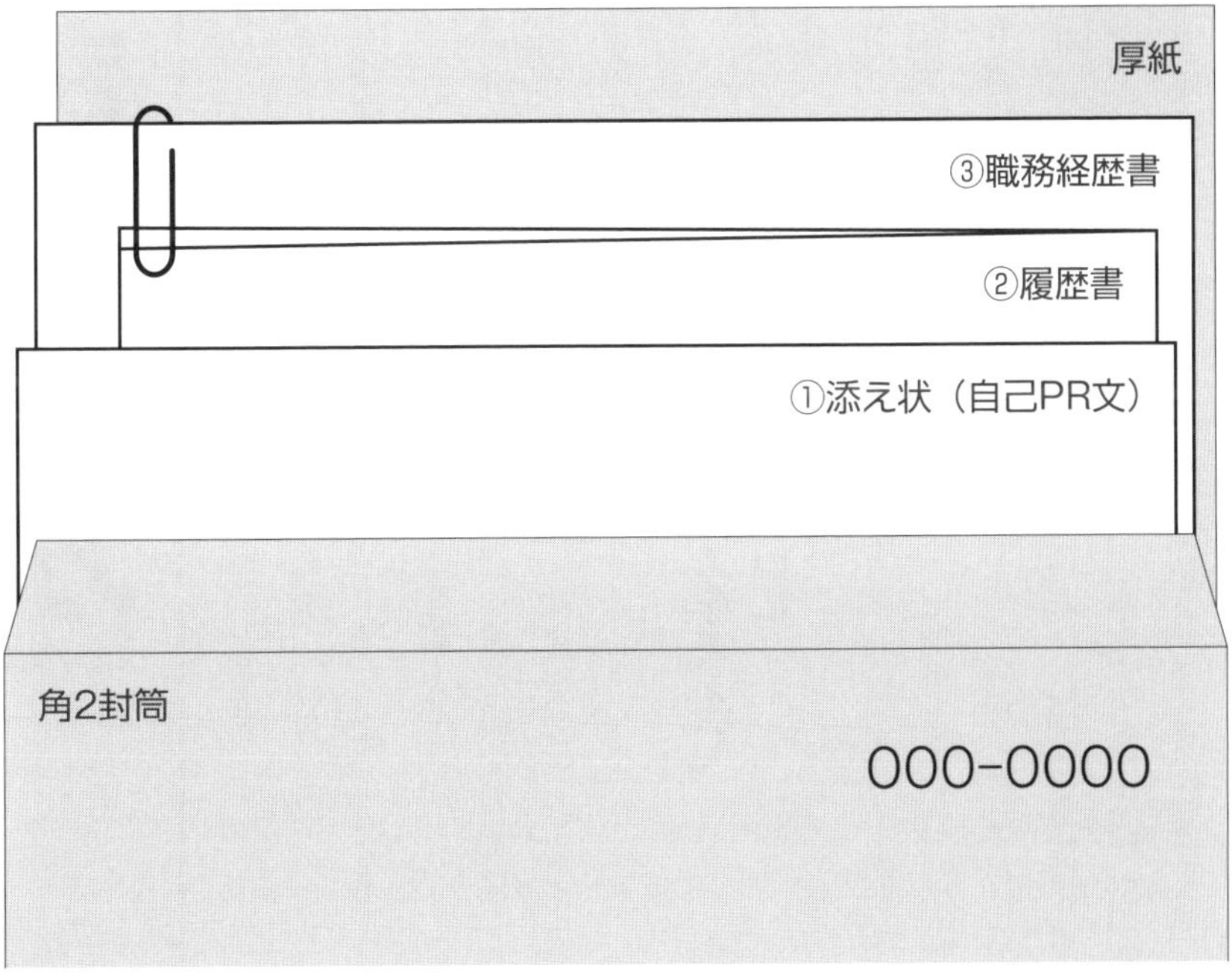

封筒の選び方・表書きの書き方

A4サイズが入る封筒を選ぶ

市販の履歴書には定形の封筒が添付されていますが、A4サイズの書類を折らずに入れるためには、角2の封筒を選びます。

封筒に封をするときにはセロテープは使わず、のりで封をするのが正式の方法です。良い印象を持ってもらうには1つ1つなるべく略さず、正式なやり方が採用に近づくためのマナーです。

封筒の表書きのミスが致命傷になることも

上手な表書きのおかげで採用が決まるわけではありませんが、その逆はありえます。あまりにお粗末な表書きのせいで不採用になる可能性はあるのです。

宛名が不正確だったり、文字が乱暴ではせっかくキャリアが優れていても印象が悪くなります。

肝心の書類を見てもらう前に、担当者から「いい加減な人物」と判断されてしまうからです。

応募書類を書き終えた後も気を抜くことなく、表書きにも神経を配りましょう。履歴書は公的な書類なので、送り方も正式なものが望ましいでしょう。

表書きはタテ書きが正式です。

社名を略さないのはビジネスマナーの基本中の基本です。

社名の間違いは致命傷になりかねません。一字一句確かめながら正確に書くようにします。

株式会社も㈱と略すのではなく、きちんと「株式会社」と書くようにしましょう。

バランスを考えて、ていねいに

履歴書と同様、表書きも裏書きも読みやすい楷書でていねいに書くのが基本です。間違えた場合は修正液などを使わずに別の封筒に書き直します。表も裏も中央に「宛名」「差出人」がくるように配置し、全体のバランスを考えましょう。

表書きと裏書きの正しい書き方

例156

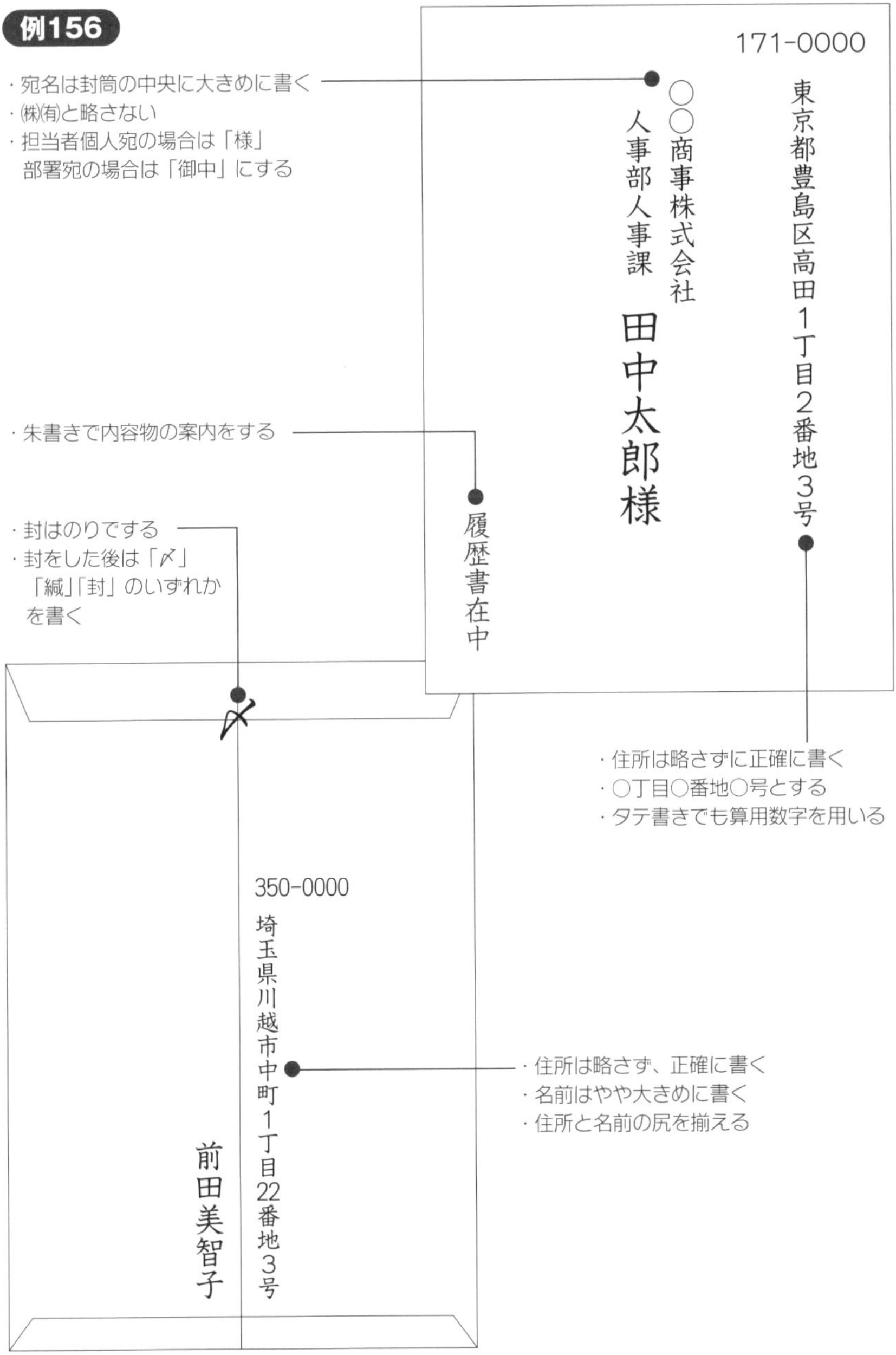

・宛名は封筒の中央に大きめに書く
・㈱㈲と略さない
・担当者個人宛の場合は「様」
部署宛の場合は「御中」にする

・朱書きで内容物の案内をする

・封はのりでする
・封をした後は「〆」
「緘」「封」のいずれか
を書く

・住所は略さずに正確に書く
・○丁目○番地○号とする
・タテ書きでも算用数字を用いる

・住所は略さず、正確に書く
・名前はやや大きめに書く
・住所と名前の尻を揃える

応募書類　送り方

面接のために必ず書類はコピーする

応募書類のコピーは面接時の必需品

応募書類を封筒に入れて、あとは封をするだけ……と、その前に応募書類のコピーを取り忘れてはいませんか？　応募書類のコピーは単なる控えのためのものではありません。もし、コピーの控えがなく、うろ覚えのまま面接に臨んだら、自分の書いた書類内容と面接時の答えが違ってしまう可能性もあります。

例えばこんなケース。面接官から「面接では、自分の長所は慎重なことと言いましたが、履歴書では自分の短所は早とちりだとありますが、本当はどちらの性格なのですか？」と突っ込まれたらどうしますか？「慎重なようで、そそっかしい自分は、どんな性格なのでしょう？」と面接官に逆に尋ねるようなことになったら、もちろんそこでアウトです。

企業ごとに書類を整理しておく

雇用状況が厳しい現在の状況では、ひとりで何社、何十社もの採用試験を受ける人も少なくないでしょう。その結果、応募書類の数も相当数になることが考えられます。

応募する企業によってアピールポイントやセールスポイントを変える場合もあるでしょうから、そのまま積み上げておいたのでは、どの履歴書をどこの企業に提出したものかがわからなくなってしまう危険性もあります。そんな失敗をしないために、コピーした書類は応募した企業ごとにきちんと整理しておく必要があります。

面接日までは時間があくことが多いので、その間に見落としに気づくこともあります。面接通知が来たら、もう一度応募書類を見直しながら熟読しましょう。

自分が面接官なら、どんな質問をしてくるのか、予想しながら読み返すことが大切です。

面接までの準備

①応募書類をコピーする

・書き終わったすべての書類をコピーする

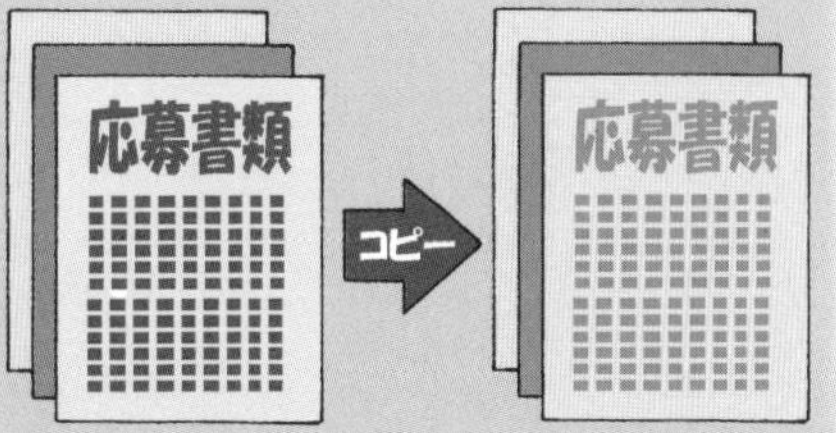

②ノート、バインダーなどを用意する

・応募書類のコピーを企業ごとにファイルしておく
・募集広告は切り抜いて貼り付け、応募書類の送付日などのメモを添える
・企業ごとにインデックスをつける

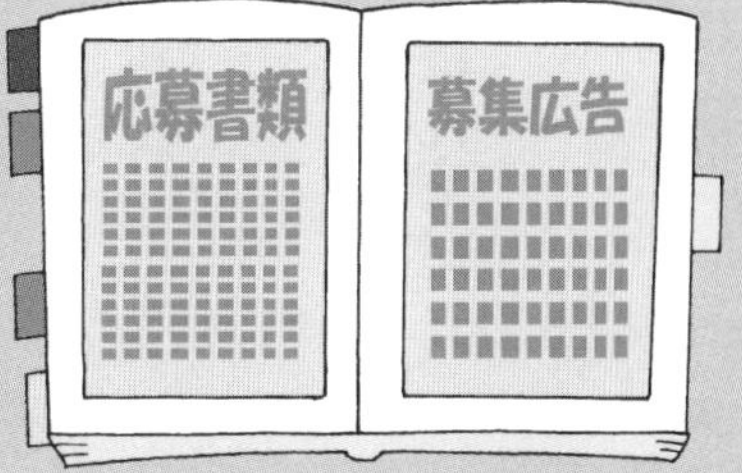

③面接の準備をする

・コピーをよく読み返す
・面接官の質問を予想する
・面接の答えが書類の内容と違いがないかどうか、もう一度確認する

面接本番へ

応募書類 送り方

郵便で送るときの注意点

切手の貼り方ひとつにも細心の注意を

応募書類を持参しない場合には宅急便などではなく「郵送」が一般的です。

封筒の表に切手を貼る場合も、切手が曲がっていたり、はがれそうになっていたりすると、だらしのない印象を与えるので気をつけましょう。

料金不足に要注意

郵便トラブルで案外多いのが切手を貼り忘れたり、料金不足で送ってしまうことです。応募書類の作成に労力を使い果たした結果、つい招いてしまったうっかりミス。しかし、「料金不足」は相手に失礼な行為にあたるため、これが原因で知らない間に「不採用」になるケースもあります。また、案外見落としがちなのが、郵便番号の間違いです。7桁の数字が間違っていると遅延などの原因になりかねないので、再確認しましょう。

郵便局で出すのがいちばん安全

郵便物には「定形郵便物」と「定形外郵便物」があります。それも内容の重さによって料金がまちまちなので、思い込みで切手を貼って出すと「料金不足」になりかねません。封筒の重さを自分で量り、郵便局に持っていく方法もありますが、いちばん安全な方法は郵便局に持ち込むことです。ただし、いくら重要な書類だからといって「書留」で送ることは避けたほうがよいでしょう。相手が不在の場合は局に戻ってしまうので、急いで送ったつもりがかえって遅れて届くことになりかねません。

締め切りが近くなってから送る場合は、「速達」が便利です。ただし、速達料金分だけの切手を貼って通常の郵便切手を貼らないと料金不足になってしまうので気をつけましょう。

書類を送るときに役立つ郵便料金の目安

①定形郵便（50gまで）

市販の履歴書用紙についてくる封筒が「定形サイズ」です。

これを利用すれば定形郵便でおくれます。ただし、書類を折らずに送るのは無理。

添え状、履歴書、職務経歴書の3点を重ねておるとかなりの厚みが出ます。厚みが1cm、重さが50gを超えたら定形外になるので注意が必要です。

定形郵便物

84円（重さ25gまで）
94円（重さ50gまで）

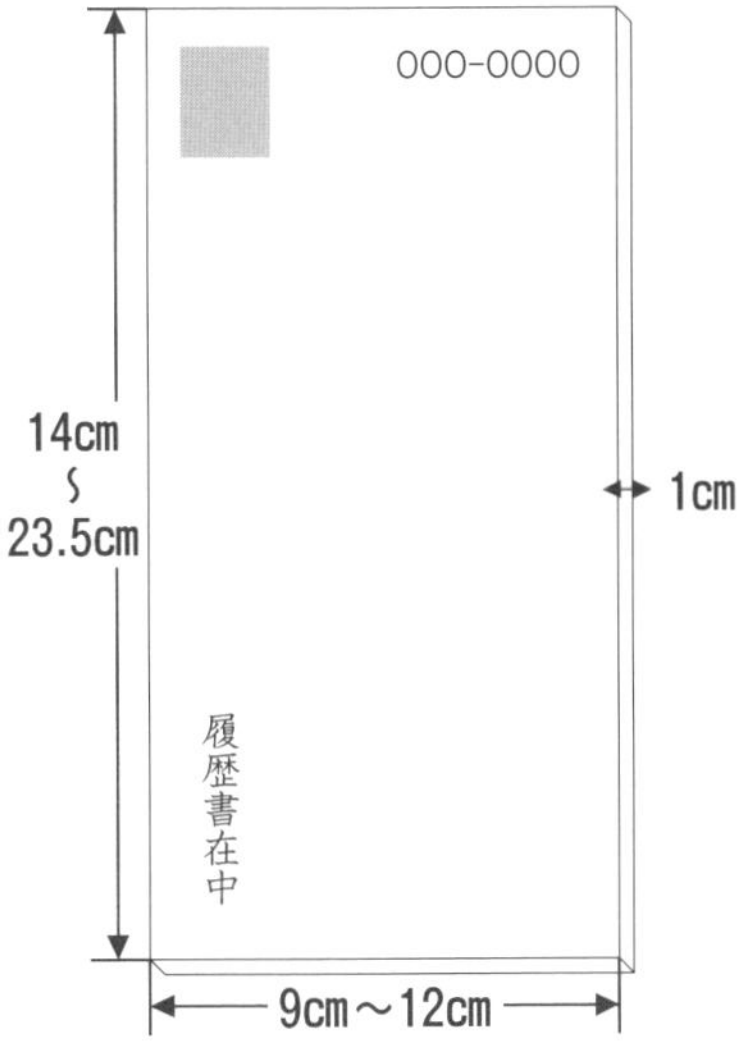

②定形外郵便（4kgまで）

角2封筒ならA4サイズの書類を折らずに送ることができます。

定形外郵便物

120円（重さ50gまで）
140円（重さ100gまで）
210円（重さ150gまで）
250円（重さ250gまで）

大きさは
A　34cm以内
B　25cm以内
C　3cm以内
1kg以内

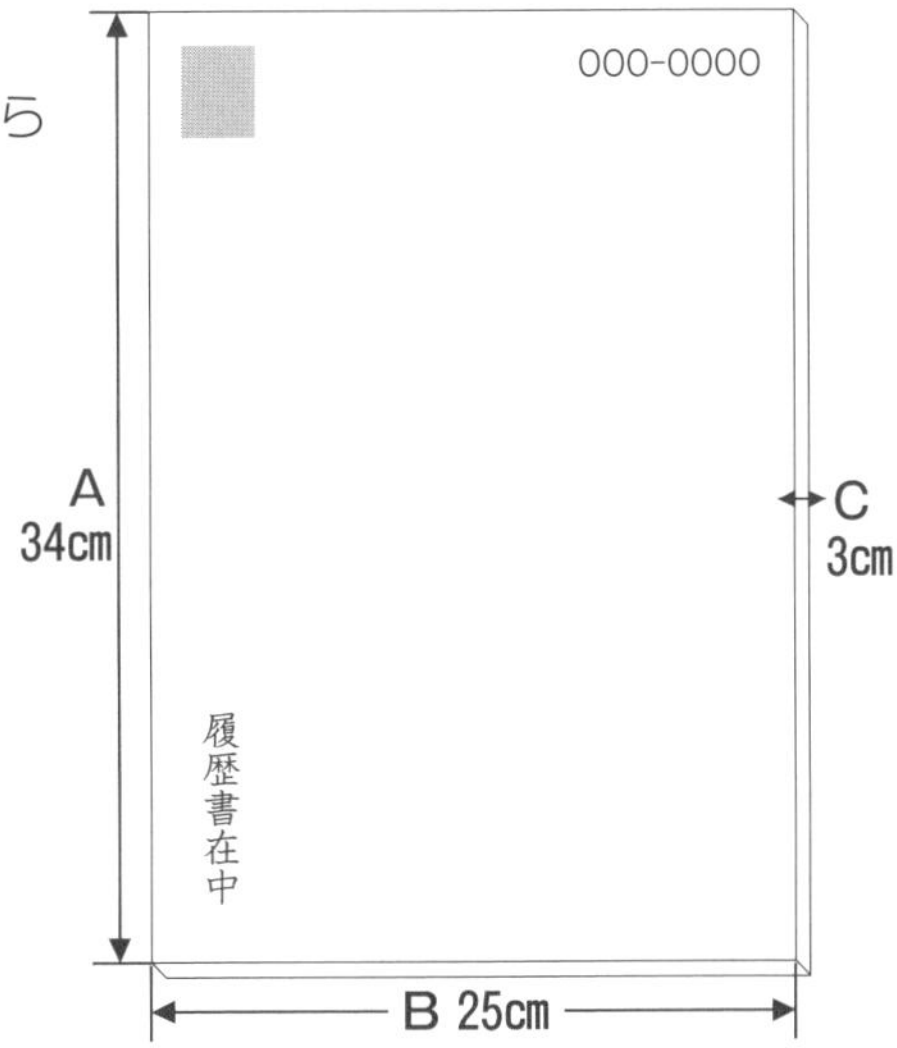

③速達

速達料金290円（250gまで）+郵便料金

※郵便料金は2021年9月現在

就活フォーラム21
30～40代の編集者、ライターを中心に不況下における就職活動を研究するグループ。労働に関わりの深い雇用保険や年金問題なども視野に入れ、執筆活動を進めている。メンバーによる執筆多数。著書「正社員になる面接試験回答事例集」など。

正社員になる履歴書・職務経歴書の書き方

2010年３月31日　初版第１刷発行
2021年10月18日　第４版第１刷発行

著　者　就活フォーラム21
発行者　石井　悟
発行所　株式会社 自由国民社
〒171-0033　東京都豊島区高田3-10-11
電話（営業部）03-6233-0781　（編集部）03-6233-0787
振替 00100-6-189009
ウェブサイト　https://www.jiyu.co.jp/
印　刷　新灯印刷株式会社
製　本　新風製本株式会社
編集協力　株式会社耕事務所
執筆協力／増澤曜子　関みなみ　佐々木美幸　池上真由美
カバー&本文デザイン／石川妙子
イラスト／山根あつし